铁路救援起重机

范思圣　张力群　主编
董亚庚　王晓华　主审

中 国 铁 道 出 版 社
2 0 1 4 年 · 北　京

内容简介

本书简要地论述了国内外铁路起重机、特别是铁路救援起重机的发展历史和现状，并对未来技术发展趋势作了展望；对铁路救援起重机的有关理论知识和使用维护等方面作了较详细的介绍，反映了铁路救援起重机技术发展的新成果；在附录里较完整地收集整理了国内研发生产和进口内燃液压铁路救援起重机的性能参数和结构数据，为有关技术和管理人员提供翔实的参考资料。

本书可供铁路起重机设计、使用、维修技术人员和管理人员参考使用，也可以供铁路救援列车工作人员作为培训教材，还可供高等院校的起重运输机械、装卸机械和工程机械等专业师生参考使用。

图书在版编目（CIP）数据

铁路救援起重机/范思圣，张力群主编. —北京：中国铁道出版社，2014.3

ISBN 978-7-113-17674-7

Ⅰ. ①铁… Ⅱ. ①范…②张… Ⅲ. ①铁路运输—救援—铁路起重机 Ⅳ. ①U298.6

中国版本图书馆CIP数据核字（2013）第271723号

书　　名：铁路救援起重机

作　　者：范思圣　张力群　主编

责任编辑：黄　璐　王风雨　**电话：**010-51873138　**电子邮箱：**tdpress@126.com

编辑助理：王佳琦

封面设计：王镜夷

责任校对：马　丽

责任印制：陆　宁

出版发行：中国铁道出版社（100054，北京市西城区右安门西街8号）

网　　址：http://www.tdpress.com

印　　刷：北京米开朗优威印刷有限责任公司

版　　次：2014年3月第1版　2014年3月第1次印刷

开　　本：700 mm×1 000 mm　1/16　印张：11.5　字数：192千

印　　数：1～3 000册

书　　号：ISBN 978-7-113-17674-7

定　　价：48.00元

前言

铁路起重机是起重机械大家族中的一个小分支，既有起重机械所具有的共性，也有符合铁路运行特点的个性。虽然，其使用范围仅限于铁路沿线，但也是铁路部门和拥有内部铁路的大型厂矿不可或缺的设备。在铁路事故救援、线路工程施工、装卸作业、设备和构件安装等方面铁路起重机都发挥着不可替代的作用。

铁路救援起重机作为铁路事故救援的主要装备，对快速处理事故机车车辆，争分夺秒地开通线路有着十分重要的意义，历来深受铁路主管部门的重视。改革开放以来，绝大部分国内开发生产或进口的铁路起重机均供铁路机车车辆脱轨与颠覆事故救援用。因此，本书冠名为《铁路救援起重机》。为开阔知识面，本书也以少量篇幅介绍了通用和施工用铁路起重机的内容。

出版一本铁路救援起重机综合性的专业书籍，一直是读者的迫切需求，具有50余年设计、生产、修理铁路起重机经历的齐齐哈尔轨道交通装备有限责任公司责无旁贷地应该承担起这一任务。编者收集整理了大量资料，总结了多年来铁路救援起重机的设计经验和成果，历经数年，反复切磋修改，今日终获成果。

本书概要地论述了国内外铁路救援起重机的发展情况，介绍了铁路起重机相关知识，比较详细地介绍了国内曾经使用过和正在使用的各种型号的内燃液压铁路起重机技术性能和结构数据，以及与整机稳定性直接相关并经实践验证的简略理论知识，希望本书能够成为铁路救援起重机设计、使用、维护、管理相关人员和高等院校相关专业师生的有益参考书。

本书由董亚庚、王晓华主审。在编写过程中，原铁道部运输局有关领导的关心和指导，对本书的编辑出版起到重要作用；中国北方机车车辆工业集团公司和齐齐哈尔轨道交通装备有限责任公司科协给予了热情的鼓励和支持；西南交通大学程文明教授对书稿内容提出重要修改意见；国内本行业的专家张小宏、严伟平、钮承、赵秀德等为本书提供了重要资料和帮助，其他一些同志也给予很多帮助，在此一并表示深切的谢意。

由于编者的学识和专业水平有限，缺点和错误在所难免，权作引玉之砖，望同行们坦诚切磋，望读者不吝指正。

范思圣　张力群

2014年1月25日

目 录

第 1 章　铁路起重机的分类

起重机是一种能在一定范围内垂直起升和水平移动物品的机械。它可以把物品安全正确地运送到一定空间范围内的任意一个位置。起重机的工作特点是动作的间歇性和作业的循环性。起重机的作业对象主要是整体的笨重物品，配置相应的取物装置后，也可以装卸散堆物料。

起重机可以按主要用途和结构特征分类。

按主要用途分类可分为通用起重机、建筑起重机、冶金起重机、铁路起重机、港口起重机、造船起重机、甲板起重机等。

起重机最通常的分类方法是按结构特征分类，可分为桥式类型起重机和臂架式类型起重机两大类。

桥式类型起重机的特点是都有一个桥架形式的承载结构。这类起重机依靠起升机构和在平面内两个相互垂直方向作平移运动的运行机构，能在长方的盒形空间内搬运物品，桥式起重机、门式起重机、装卸桥等均属此类。

臂架式类型起重机的特点是都有一个承载的吊臂。这类起重机除有起升机构和运行机构外，还有使吊臂绕垂直回转中心旋转的回转机构，以及改变吊臂在垂直平面内角度的变幅机构，从而扩展搬运物品的有效作业区域。伸缩臂式起重机还具有吊臂伸缩机构，以进一步扩大起升高度和工作幅度。汽车起重机、轮胎起重机、履带起重机、铁路起重机、门座起重机、塔式起重机等均属此类。汽车起重机、轮胎起重机和履带起重机广泛应用于流动性的安装作业和货物装卸。铁路起重机用于铁路沿线的整体和散堆物料的装卸、安装工程和机车车辆颠覆与脱轨事故的救援。门座起重机用于货物装卸、造船和水工建筑。塔式起重机用于建筑工地和船舶修造施工。

铁路起重机起源于 19 世纪的英国，较之汽车起重机、轮胎起重机等臂架式起重机的发展历史要长远得多，但由于必须沿着铁路线作业，其应用范围受到了限制。就生产的数量来说，铁路起重机只有汽车起重机的几十分之一或几百分之一，是臂架式起重机中的一个小分支，但在品种规格上，同样是种类繁多。

由于铁路起重机品种规格较多，所以分类的方法也多种多样，下面根据不同分类方法对铁路起重机进行介绍。

1.1 按驱动的动力形式分类

驱动的动力形式是铁路起重机分类最主要的特征之一。我国铁路救援起重机的型号编制的第一个字母，就代表驱动的动力形式。

铁路起重机和其他起重机一样，可以分为手动和机械驱动两类。手动只用于工作不繁忙或临时性起重量不大的起重工作，如在20世纪50年代，按照原铁道部的指令，曾经开发过安装在铁路通用平车一端的2 t支农手动铁路起重机，作为铁路小站装卸2 t以下支农物品用。时至今日，机械驱动形式已是铁路起重机的主要形式。

根据动力形式不同，机械驱动形式的铁路起重机可分为蒸汽驱动、内燃驱动、电力驱动和复合驱动。

1.1.1 蒸汽驱动

铁路起重机由自备锅炉产生饱和蒸汽或过热蒸汽推动蒸汽机并作为起重机动力的称为蒸汽铁路起重机。蒸汽铁路起重机是铁路起重机的最初形式，大约在1910年，世界上诞生了第一台铁路起重机，其动力形式即为蒸汽驱动，延续到20世纪30年代，蒸汽铁路起重机一直独霸天下，曾生产过起重量小至几吨、大至250 t，为数众多、品种齐全的铁路起重机。

从20世纪50年代以来，我国在相当长的时间里一直单一生产蒸汽铁路起重机，先后生产过6 t、15 t、20 t、45 t和60 t蒸汽铁路起重机，累计生产数量达到2 000余台，如图1-1所示为Z601型60 t蒸汽铁路起重机。迄今，仍有一定数量的蒸汽铁路起重机服务于铁路沿线和大型厂矿。

图1-1 Z601型60 t蒸汽铁路救援起重机

以蒸汽为动力的铁路起重机热效率低、污染环境、劳动条件差、启动缓慢、维护检修周期短、作业中需要经常上煤加水、作业效率较低，至 20 世纪末，我国已停止生产蒸汽铁路起重机。

1.1.2　内燃驱动

以汽油机或柴油机为原动力的铁路起重机称为内燃铁路起重机。

大约从 1935 年开始，以内燃机为动力的铁路起重机崭露头角，开始替代蒸汽驱动的铁路起重机。汽油机的效率约为 0.18～0.25，柴油机的效率约为 0.25～0.37，相比于效率不大于 0.1 的蒸汽铁路起重机提高近一倍。内燃机体积小、启动方便、可连续作业、劳动条件改善。但内燃机不能逆转，不能负载启动又是它的弱点。可以通过配置适当的机械传动、发电机和高压油泵，或通过液力耦合器与液力变矩器等机构来弥补不足，使其得以普及。

柴油机的扭矩特性曲线比汽油机平坦。在相当大的转速范围内，扭矩的变化不大，表明柴油机的加速性能和过载能力优于汽油机。柴油机不但效率高，而且使用燃油价格和油耗率均较汽油机低。但柴油机体积和质量大、振动和噪声大、低温启动困难又是它的缺点。不过，在技术不断进步的情况下，这些缺点正在得到妥善解决。目前，新生产的内燃驱动铁路起重机已全部采用柴油机为动力。

1.1.3　电力驱动

限定在一条不太长线路上作业的铁路起重机，如在料场等场地使用，一般使用电网供电，即电力驱动。其优点是能源经济方便，便于实现分别驱动，操作简单，维护检修方便，无任何污染，工作可靠，故障率低。但工作时必须拖带供电电缆，作业范围严重受限，这种驱动形式在铁路起重机上很少应用。

1.1.4　复合驱动

将柴油机与其他传递能量的方法相结合以驱动工作机构，统称为复合驱动。采用复合驱动的主要目的是改善柴油机的输出特性，且利于机器的总体布局。

1.1.4.1　内燃电力驱动

以柴油机带动发电机发电，借以驱动各工作机构的电动机，这种驱动形式称为内燃电力驱动。

根据电流的形式，可分为直流和交流两种。直流电驱动具有调速范围广和调速平稳性好以及空载速度高等优点，但制造和运用成本较高，在铁路起重机上比较少见。绝大多数铁路起重机采用交流电形式。

交流电驱动，应用于为数众多的桥式起重机和门式起重机等起重机专用电动机和电阻调速系统等，零部件标准化和通用化程度高、造价较低、使用可靠，完全可以满足铁路起重机的使用要求。德国 Kirow 公司从 20 世纪 40 年代到 80 年代一直致力于开发系列交流电驱动的铁路起重机，产品在原经济互助委员会(以下简称原经互会)成员国里广泛使用。

1966 年我国设计试制成功一台 QND161 型 16 t 内燃电力铁路起重机，全交流电驱动，使用效果亦不错。

1.1.4.2　内燃液力复合传动

柴油机通过液力变矩器或液力耦合器向各工作机构提供动力的形式称为内燃液力复合传动。

液力传动是利用离心泵(泵轮)通过液体驱动透平轮(涡轮)，从而将液体的动能转化为机械能做功。液力传动能改善柴油机的特性，防止柴油机过载，取消柴油机与机械传动间的摩擦离合器，减小传动系统中的冲击，实现无级变速。液力变矩器能在泵轮输入扭矩(即柴油机输出扭矩)不变的情况下，随着透平轮转速的不同，自动改变输出扭矩。其启动变矩系数可达 3.5，解决了柴油机不能负载启动的缺点。

1964 年，我国在设计开发 N1001 型 100 t 铁路起重机时，使用了国产 1 m^3 履带挖掘机上成功运用的液力变矩器，经局部改进，定型为 5015410A 型，批量安装在 N1002 型 100 t 铁路起重机上(图 1-2)，并在 15 t、60 t 蒸汽铁路起重机的内燃

图 1-2　N1002 型 100 t 内燃液力铁路救援起重机

化改造上使用，取得较好的效果。5015410A 型液力变矩器是国产铁路起重机采用的唯一液力变矩器型号。

1.1.4.3 内燃液压复合驱动

以柴油机带动 1 台或多台液压泵输出压力油，驱动液压马达和液压缸等工作机构的驱动形式称为内燃液压复合驱动。液压泵产生的压力油传送至工作机构，使压力能转换为机械能，实现起重机工作机构的动作。

早在 20 世纪 60 年代，液压传动就开始在铁路起重机上应用，与传统的蒸汽、电力和液力驱动争夺市场，到 20 世纪 70 年代，随着液压元件质量的提高、品种的增多、成本的降低，液压技术在铁路起重机上的应用日臻成熟，其优越性越来越突出。当前，如用户没有特殊的使用要求，液压驱动是铁路起重机驱动形式的主要选择。

液压传动又称为静液压传动，其特点如下。

(1)可以在较大范围内实现无级调速，调速比可达几千，使起重机兼具快速和微动的优点。

(2)质量轻。在功率和转速相同的情况下，液压马达的质量仅为电动机的 1/10～1/7。实现高压化后，能以较小的体积获得较大的推力或转矩；同时，由于转动惯量小，在往复和旋转运动中可以快速且无冲击地变速和换向，从而提高了效率。

(3)容易实现过载保护和装设其他安全装置，较易实现遥控和自动化。

(4)各部件的独立性大，其间用管路连接，便于总体布局和装配。

(5)通常以矿物油为工作介质，对机件有自润性，不必另加润滑装置。

(6)操作简单省力，备件品种少，易于修理更换。

液压传动在具有众多优点的同时，也存在一些缺点，主要有以下几点：

(1)工作介质的温度变化，对机器运转有相当大的影响，严重时发生不能运转的情况。

(2)工作介质一旦污染，易使装置发生故障。

(3)还不能彻底解决工作介质泄漏问题。20 世纪 70 年代末和 80 年代初，齐齐哈尔厂曾试图研制小型液压铁路起重机，但限于当时的设计制造水平和国内机械工业的配套水平，致使一些主要的液压元件，如液压泵和马达等都必须由主机厂自行试制，最终未获成功。1990 年，首先在 160 t 定长臂式内燃液压铁路救援起重机上取得突破。目前，在新开发的铁路起重机上已全部采用液压传动，大至 200 t 起重机，小至 8 t 起重机，起重量在 8～200 t 之间，还有多种规格的液压铁路起重机均设计制造成功,有的还出口国外。

图 1-3 为全液压传动的 N1602 型 160 t 内燃液压定长臂式铁路救援起重机。

图 1-3 N1602 型 160 t 内燃液压定长臂式铁路救援起重机

1.1.4.4 内燃混合驱动

柴油机通过分动箱同时带动一种以上传递能量装置(如液压泵、发电机、液力变矩器等)驱动工作机构的方式,称为内燃混合驱动。

国外某公司生产的铁路起重机,除吊臂伸缩机构和变幅机构采用内燃液压驱动外,其他机构均为内燃电力驱动,即为内燃混合驱动。

进口的 RC60CN 型 15 t 铁路起重机(图 1-4),除走行机构采用内燃液力驱动外,其余均为内燃液压驱动。这种内燃混合驱动方式适用于自力走行速度要求高或牵引力要求大的铁路起重机。

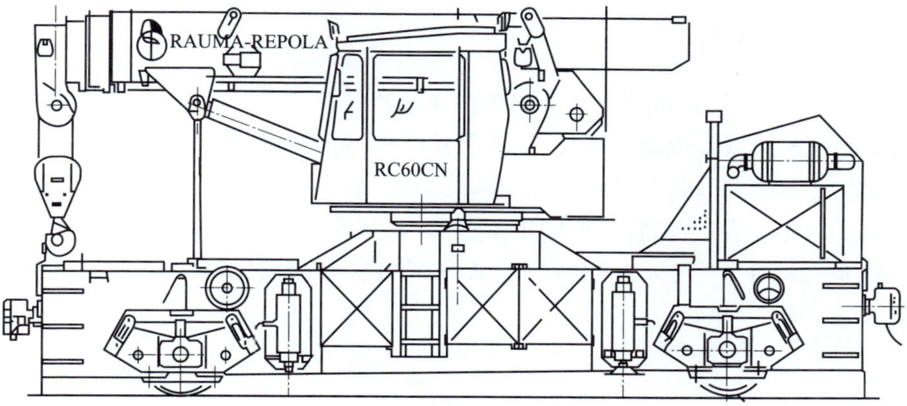

图 1-4　RC60CN 型 15 t 铁路起重机

1.2　按铁路轨距分类

在铁路上，两股钢轨必须保持准确的位置，才能保证机车车辆安全、平稳、高速和不间断的运行。两股钢轨头内侧间的距离称为轨距。

由于世界各国铁路发展的历史和背景不同，形成多种多样的轨距，现存铁路中，最窄小的铁路轨距为 600 mm，最宽的为 1 676 mm，其间有几十种不同的轨距。国际上以 1 435 mm 为标准轨距，小于 1 435 mm 的称为窄轨，大于 1 435 mm 则称为宽轨。不少国家建有 1 000 mm 和 1 067 mm 轨距的窄轨铁路，人们把它们通称为米轨铁路。

按我国铁路规定，直线地段的轨距，在钢轨头部内侧顶面以下 16 mm 处测量，对于线路速度等级 $v \leqslant 120$ km/h 者，标准轨距应在 $1\ 435_{-3}^{+6}$ mm 的范围内，速度等级越高，偏差要求越严。我国国家铁路轨距除云南昆明至河口段为 1 000 mm，台湾地区为 1 067 mm 外，其余全部是标准轨距铁路。因此，标准轨距铁路起重机均不标注“准轨”两字，而对于非准轨铁路起重机则冠以“窄轨”或“宽轨”，以示区别。

我国的森林铁路和矿山内部铁路还存在各种各样的轨距，也有铁路起重机在工作。

1.3　按吊臂的结构形式分类

铁路起重机属于臂架式类型起重机，吊臂的结构形式成为它的又一重要分类特征。

1.3.1 定长式吊臂

顾名思义,定长式吊臂就是吊臂在作业过程中只有一个固定不变的长度。不论吊臂轴线是直线形或是折线形,不论吊臂结构是桁架式或是板梁式,不论在吊臂中间加接一节或几节接长部或在头部加装副臂,也不论吊臂的总长度有多长,只要起重机在作业过程中,吊臂长度固定不变的,都属于定长式吊臂范畴,各种定长式吊臂的形式如图 1-5 所示。配备定长式吊臂的铁路起重机称为定长臂式铁路起重机。

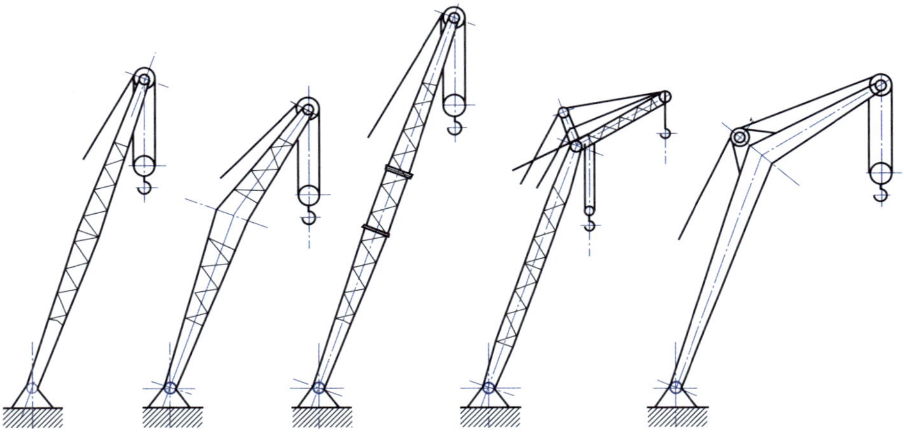

(a) 桁架式直线形 (b) 桁架式折线形 (c) 桁架式直线形主臂加中间接长部 (d) 桁架式直线形主臂加副臂 (e) 板梁式折线形

图 1-5 定长式吊臂

定长式吊臂具有结构简单、受力情况好、自重较轻的优点;其中桁架式吊臂还可在必要时插接中间接长部或在头部加装副臂以提高起升高度和工作幅度。在伸缩式吊臂占有臂架式类型起重机主要市场的今天,定长式吊臂仍有一定的市场需求。

20 世纪 90 年代以前,我国生产的铁路起重机全部是定长臂式铁路起重机。

1.3.2 伸缩式吊臂

与定长式吊臂相反,在作业过程中,吊臂长度不是固定不变,而是可以在一定范围内伸缩变化的吊臂,称为伸缩式吊臂,如图 1-6 所示。配备伸缩式吊臂的铁路起重机,称为伸缩臂式铁路起重机。

伸缩臂式铁路起重机由于机动性好、作业方便快捷,在吊臂液压伸缩技术得

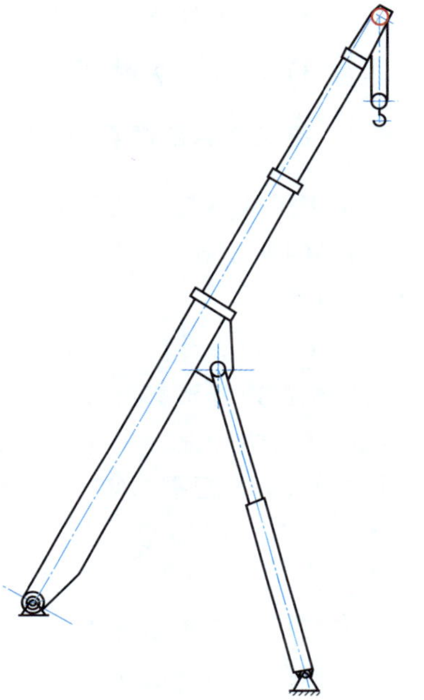

图 1-6　伸缩式吊臂

到完善后，首先在汽车起重机和轮胎起重机上得到广泛的应用。20 世纪 80 年代，铁路起重机也引进了伸缩式吊臂结构。伸缩式吊臂受力条件较差，基本为悬臂梁，故自重大，影响起重机的起重性能。在采取吊臂断面形状不断改进优化、选用 $\sigma_s = 800 \sim 1\ 100$ MPa 的高强度结构钢、伸缩机构轻量化等措施后，不足之处正日益弥补。

由于我国铁路技术政策把电力牵引定为干线的首选牵引方式，而伸缩臂式起重机即使吊臂处于水平状态也具有一定的起重能力，因此适宜在电气化铁路的接触网下和桥梁隧道内作业。在一定条件下，甚至可以在接触网不停电的情况下作业，因此，伸缩臂式铁路救援起重机备受用户欢迎。

1992 年，我国首台伸缩臂式铁路起重机 NS1001 型 100 t 在兰州机车厂研制成功，随后，伸缩臂技术先后在国内研制的 160 t、125 t、63 t 及一些小型铁路起重机上开发成功。时至 21 世纪，新造铁路起重机已普遍采用伸缩式吊臂，起重力矩高达 2 880 t·m 的伸缩臂铁路起重机已投入使用。

1.4　按起重量分类

起重量是起重机最根本的特征，铁路起重机也不例外。

铁路起重机的起重量应符合国际标准 ISO 2374:1983《最大起重量系列》的规定。我国已开发成功的铁路起重机有 8 t、16 t、20 t、32 t、63 t、100 t、125 t、160 t，进口的有 60 t、100 t、160 t、200 t，在对外出口和现行标准颁布前，还曾设计制造非标准系列的 6 t、15 t、45 t、60 t 铁路起重机。

1.5　按主要用途分类

1.5.1　通用铁路起重机

通用铁路起重机主要用于装卸整件、散堆物料以及建筑构件和设备的安装，是一种用途广泛的铁路起重机。根据起重机本身结构的特点和不同的使用需求，可以配备吊钩、抓斗、重锤、电磁吸盘和作业平台等作业装置，有的还兼作牵引车用。

1.5.2 施工用铁路起重机

施工用铁路起重机主要用于铁路施工或维修，如轨排的铺设、道岔的安装和更换、桥梁的架设等。一般应具有较长的吊臂、较小的尾部半径、较快的自力行走速度等特点。

由于在世界范围内铁路运输业的复兴，自 20 世纪 80 年代以来，铁路施工用铁路起重机的市场形势看好，开发了不少新型号的施工用铁路起重机，如德国 Kirow 公司制造的带伸缩式平衡重的 KRC 810T 型施工用伸缩臂式铁路起重机，最大起重量 80 t、最大起重力矩 810 t · m、自力行走速度 40 km/h、回送速度 120 km/h、平衡重全缩时尾部半径为 2 m，作业时尾部不侵入邻线限界，不影响邻线正常运营。

为适应市场需求还开发了多种型号的大型铁路施工专用铁路起重机，如德国 Gottwald 公司制造的 GS 150.14 TR 型轨道铺设和维修用铁路起重机，吊臂仅能顺轨方向小角度范围内摆动，但吊臂可以向前后两个方向伸出进行作业，使用支腿可吊重 150 t，不使用支腿可在有效幅度 10 m 处吊重 80 t，有效幅度 20 m 处可吊 38 t 的道岔或轨排（离轨道中心 2.5 m 范围内），该机自重 210 t、12 轴、长27 400 mm、自力走行速度 100 km/h、回送速度 120 km/h；德国 Kirow 公司也向用户提供过 KRC 1600 型轨排和道岔安装用的大型施工铁路起重机。

1.5.3 救援用铁路起重机

救援用铁路起重机本身也是一种通用起重机，可以用于重大整件货物的装卸和设备安装，也可用于铁路工程的施工，但其主要技术经济指标是按铁路机车车辆颠覆和脱轨事故救援设计的，其额定起重量一般较大，故称为救援用铁路起重机。

我国铁路救援起重机起步于 45 t 蒸汽铁路救援起重机。随着机车车辆的大型化，逐步将救援起重机起重量提升到 60 t 和 100 t。20 世纪 90 年代以来，国内进一步开发了起重量为 125 t 和 160 t 的救援用起重机机型，具体机型有 NS1251C 型和 NS1252 型 125 t 伸缩臂式救援起重机，N1601 型和 N1602 型 160 t 定长臂式救援起重机，以及 NS1601 型和 NS1602 型 160 t 伸缩臂式铁路救援起重机。还先后引进了 NS1600、NS1600A 型 160 t 伸缩臂式铁路救援起重机和 NS2000 型200 t 伸缩臂式铁路救援起重机。

21 世纪以来，各主要铁路枢纽救援中心均配置起重量 160 t 或以上的救援起重机以满足繁忙线路的事故救援需求。

由于以上三种铁路起重机分类，不是严格地从性能和结构上区分，而是互相包含、功能重叠，无法严格区别，所以不作为主要的分类方法。

1.6 我国铁路救援起重机型号的编制办法

铁路救援起重机型号的编制，应基本反映其主要特征及设计制造的主要信息，便于用户购置和设备管理。

根据原铁道部〔1989〕机设字第 47 号《关于救援用内燃铁路起重机编号等规定的通知》和〔1997〕机设字第 38 号《关于内燃铁路起重机型号编制的批复》等文件规定的型号编制原则，我国铁路起重机生产厂商均统一照此办理。为避免铁路救援起重机型号重复编制造成混乱，各生产厂商在确定新型号前，均需报请国家铁路机务主管部门批准或核备。

按照上述文件规定，铁路起重机的型号采用两节号码组成，两节号码中间用一短横线隔开，由汉语拼音字母和阿拉伯数字组成，现将型号编制的办法和意义解释如下。

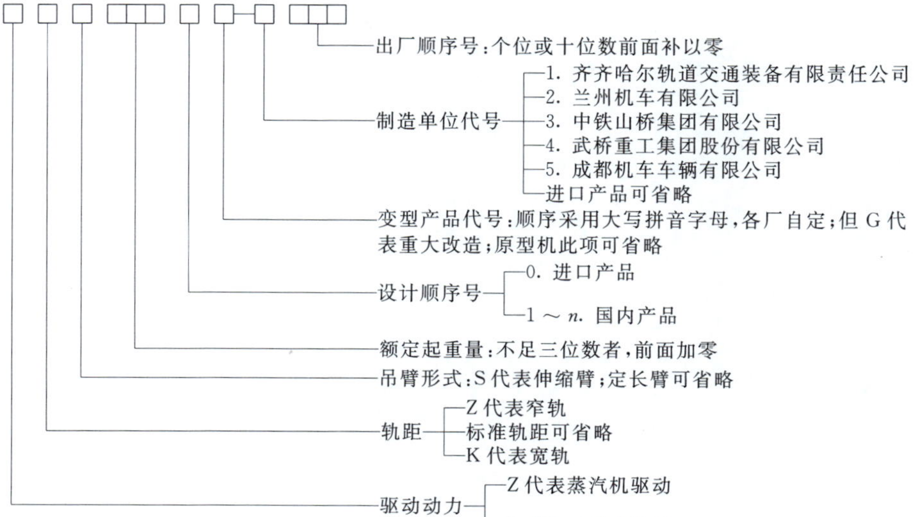

以齐齐哈尔轨道交通装备有限责任公司制造的准轨、起重量 160 t、出厂顺序为第 12 台的内燃伸缩臂式铁路起重机的变形产品为例，其型号编制示例

如下。

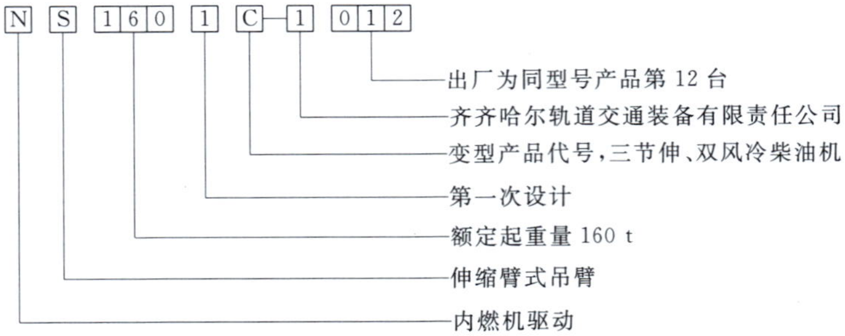

再举一例，进口的准轨、起重量 160 t、出厂顺序为第 12 台的内燃伸缩臂式铁路救援起重机的变型产品为例，其型号编制示例如下。

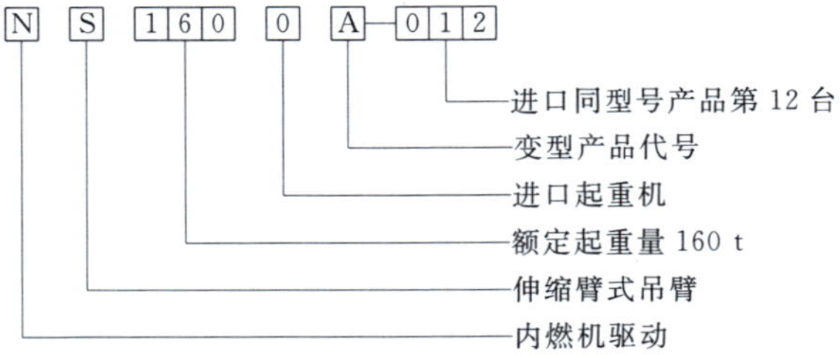

第2章　铁路起重机主要技术参数及有关铁路术语

铁路起重机的主要技术参数规定了主要性能、质量和尺寸方面的具体量化要求，是设计起重机的基本依据和必须达到的技术指标。

在市场经济条件下，起重机的主要技术参数一般在买卖双方签订合同的技术规范（或称技术条件、技术规格等）中予以明确。“技术规范”一般由买方根据实际使用要求和支付能力制订，投资大或新造起重机的“技术规范”应事先作充分的调查研究，必要时邀请专家根据国内外同类产品的技术水平和发展趋势，结合国情，通过充分论证，选定先进合理的参数。

铁路起重机的主要技术参数，往往受国家标准、铁路行业标准和国家铁路主管部门的文件和规章制度的制约，对于强制执行的标准和规定应严格遵守，对于推荐性标准，应尽量参照执行。如与规定不符，应事先请示或提请买方在合同中确认，获得书面同意后，方可进行设计生产。

铁路起重机是限定在铁路线路上行驶和作业的起重机，即使是大型厂矿内部铁路用的铁路起重机，一般也必须通过国家铁路进行回送。为确保运输安全和效能，铁路运输部门有着严格而全面的规章制度，违反规定的后果将是在铁路上“寸步难行”，这一点应引起充分的重视。

铁路起重机的主要技术参数，包括以下三个方面。

(1)性能参数。如起重量、起升高度、工作幅度、工作速度、起重力矩、轨距、可通过最小曲线半径、爬坡能力等；必要时，对起重机的工作环境亦应予以明确，如工作环境温度、海拔高度、最大相对湿度和风速等。

(2)质量与功率参数。如起重机整备状态质量、轴重、最大轮压、支腿压力、发动机功率等。

(3)几何尺寸参数。如符合机车车辆限界的要求、外形尺寸、轴距、下车定距、下车长距比、吊臂长度、支腿间距和回送状态重心高等。

为方便以后章节的叙述，现将铁路起重机的构造做概要介绍。

铁路起重机构造上可粗略地划分为上车和下车两个部分，如图2-1所示。

所谓“上车”，是指可围绕回转中心线转动的起重机上部结构的总称，包括回转

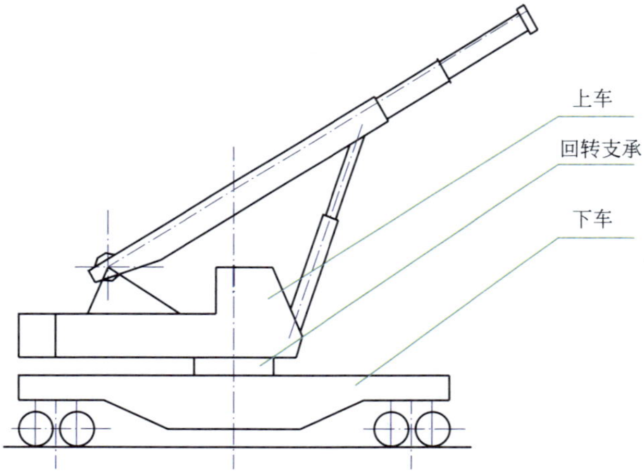

图 2-1　上、下车示意图

支承及以上的全部结构、机构和系统。上部除主要结构(吊臂、转台、司机室、机械室)外,还包括动力装置、各传动机构和各系统的主要部分,上车是铁路起重机的核心部分。

所谓“下车”,是指回转支承以下,一般包括起重机的走行机构、列车连接与制动装置、底架、外伸支腿等部件在内的机构和装置的总称。走行机构包括起重机专用或与机车车辆通用的转向架、走行传动装置;列车连接装置一般是指与铁路机车车辆通用的车钩和缓冲装置;列车制动装置是起重机编组在列车中,受牵引机车控制的制动系统,其主要零部件一般与铁路机车车辆某种型号的空气制动系统通用;外伸支腿包括支腿体及其液压系统。下车是与铁路技术关系最为密切的部件,也是将上车承受的外载荷与整机自重传递到轨道或地面的关键部件,对行车安全和起重作业安全起到十分关键的作用。

所谓“吊臂”(或称吊臂组成),对于铁路起重机来说,就是通过它的俯仰运动来改变倾角,使取物装置处于不同的起升高度和幅度的臂架。伸缩臂式铁路起重机的吊臂还可以自行伸缩改变取物装置的幅度。在一般概念里,吊臂包括吊臂钢结构,吊钩上、下滑轮组,变幅上、下滑轮组或液压变幅机构和液压伸缩机构等,也有把取物装置包含在吊臂范畴内的。吊臂结构的优化对提高起重性能有着重要的作用。

从功能上划分起重机部件,主要由以下部分组成。

结构部分,主要包括吊臂、转台、司机室、机械室、底架、支腿、转向架构架等。

机构部分,包括起升、变幅、吊臂伸缩、回转、平衡重挂放和伸缩、转向架及其均载装置、走行及挂齿、外伸支腿、风手制动、车钩缓冲装置等。

系统部分，包括液压、电气、空气、安全监控、润滑等。

有关铁路起重机的主要参数，择其要者，分述如下。

2.1 起 重 量

起重机正常工作时允许一次起升的最大质量称为额定起重量，单位是吨(t)或千克(kg)。

起重机的额定起重量不包括其吊钩滑轮组的质量，但抓斗和电磁吸盘等可以从起重机上取下的取物装置的质量应计入额定起重量内。

起重机的起重量常用符号 Q 表示，质量单位是千克(kg)，但习惯上，起重量的单位为吨(t)，可视为非国际单位制的质量单位(1 t=1 000 kg)。当起重量视为载荷时，起升载荷的单位为牛(N)或千牛(kN)，常用符号 P_Q 表示，其关系式为 $P_Q=Q\cdot g\approx 10Q$。

适用于各种类型起重机的最大起重量系列国际标准见表 2-1。按照世界各国铁路起重机发展的实际情况，大多数的额定起重量均在 6～250 t 范围内，括号内的数值极少使用。

表 2-1　最大起重量系列　ISO 2374:1983　　单位：t

0.1	0.125	0.16	0.2	0.25	0.32	0.4	0.5	0.63
0.8	1	1.25	1.6	2	2.5	3.2	4	5
6.3	8	10	(11.2)	12.5	(14)	16	(18)	20
(22.5)	25	(28)	32	(36)	(40)	(45)	50	(56)
63	(71)	80	(90)	100	(112)	125	(140)	160
(180)	200	(225)	250	(280)	320	(360)	400	(450)
500	(560)	630	(710)	800	(900)	1 000	—	—

铁路起重机的额定起重量因不同工况而有所区别。

(1)不同的吊臂长度和幅度具有不同的额定起重量。

(2)吊臂作业的方位，如吊臂 360°回转和吊臂在与线路中心线成一特定角度范围内摆动等不同工况时额定起重量有所不同。

(3)使用支腿时，支腿纵向与横向间距的数值不同，额定起重量有所不同。

(4)不使用支腿或吊重自力走行等不同工况，额定起重量有所不同。

(5)尾部平衡重使用情况，平衡重不安装、部分安装、全部安装以及平衡重伸出距离不同等，额定起重量有所不同。

铁路起重机具有为数众多的额定起重量，通常所说的额定起重量为最大起重量，或简称起重量。

装卸整体货物的铁路起重机，其起重量由单件货物的最大质量决定；救援用起重机主要以机车整备状态质量或线路上批量运用的大吨位通用货车总重（自重＋载重）来决定，适当考虑救援客车的需要和线路运输的繁忙程度。

通常人们喜欢用大、中、小型等简单词语来说明起重机的起重量。参照其他臂架类型起重机的分类办法，结合我国铁路起重机的实际情况，可以将铁路起重机的起重量大小分为 4 类。

小型铁路起重机——起重量在 20 t 及以下者，一般为无转向架的 2 轴起重机或有转向架的 4 轴起重机（一般情况下，我国铁路不采用无转向架的 2 轴车辆或起重机），这类起重机都属于通用起重机。比较典型的是图 1-4 所示的 RC60CN 型 15 t 铁路起重机，为无转向架的 2 轴结构。我国大批生产的 Z151 型 15 t 起重机（4 轴）也属此类。

中型铁路起重机——起重量在 25～63 t 的起重机，一般为 4～6 轴起重机，图 2-2 为 NS0632 型 63 t 伸缩臂式铁路起重机，6 轴。在准轨铁路上这类起重机基本上用作通用铁路起重机，在窄轨铁路和厂矿内部铁路亦可用作事故救援。

图 2-2　NS0632 型 63 t 铁路起重机

大型铁路起重机——起重量在 80～125 t 的起重机，一般为 6～8 轴起重机，图 2-3 为 NS1251C 型 125 t 伸缩臂式铁路起重机，6 轴，带伸缩式上车尾部平衡重。这类铁路起重机主要作铁路事故救援用。

特大型铁路起重机——起重量在 160 t 及以上，为 8 轴或 8 轴以上起重机，如图 2-4 所示的 NS1601 型 160 t 伸缩臂式铁路起重机，8 轴，即属此类，几乎全部是铁路救援起重机。

图 2-3　NS1251C 型 125 t 铁路起重机

图 2-4　NS1601 型 160 t 铁路起重机

随着铁路起重机上车尾部平衡重由固定式改进为挂放式或伸缩式平衡重后，在同等起重性能条件下，轴重分配趋于均匀，整机自重减轻，总轴数减少。相反，固定式平衡重导致前后转向架的轴重有较大差别，其后果是总轴数增多。以 Z451 型 45 t 蒸汽铁路起重机为例，自重 86 t。固定式尾部平衡重，使用 2 组 3 轴转向架；如采用挂放式和伸缩式平衡重技术，自重可降低至 70 t 以下，使用 2 组 2 轴转向架即可满足要求。所以，决定起重机类别与转向架轴数有关，但又不能单纯以轴数多寡来确定起重机类别。

2.2　起升高度

起重机的起升高度是指从轨道顶面至取物装置最高起升位置的垂直距离，单位为米(m)。取物装置为吊钩者，以其支承平面为计算基准；取物装置为抓斗、电磁吸盘等则取其最低点为基准(抓斗为闭合状态)，如图 2-5 所示。

如取物装置降落到轨道顶面以下时，轨道顶面以下的深度称为下降深度。起重机总起升高度等于轨道顶面以上的起升高度与轨道顶面以下的下降深度之和。所谓“起升范围”，就是取物装置最高和最低工作位置之间的垂直距离，也等于总起升高度。

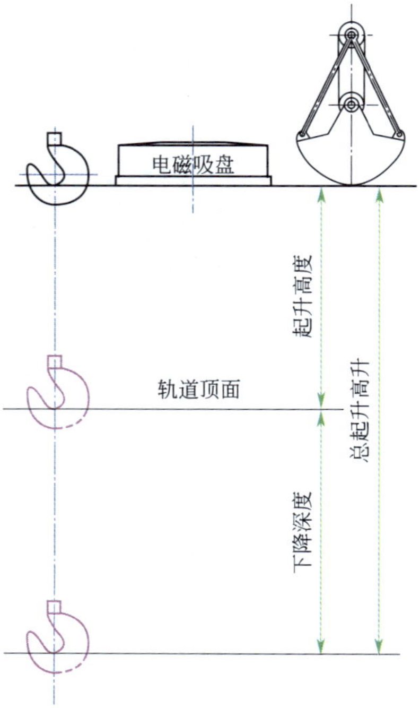

图 2-5　起升高度示意图

隶属臂架式类型起重机的铁路起重机，起升高度随臂长和吊臂仰角的变化而改变。若以幅度为横坐标，起升高度为纵坐标，则起重机每一种吊臂长度都有可画出一条起升高度曲线。定长臂起重机，如无副臂、接长臂或为铰接臂结构者，一般只有一条起升高度曲线；对于伸缩臂式起重机，从理论上来说，具有无数条起升高度曲线，为了实际使用方便，往往将每一节伸出长度等分为几个等分(一般取 2～3 等分)作为吊臂的计算长度，绘出相应臂长的高度曲线。

通常以吊臂处于最大臂长和最大仰角时的起升高度为最大起升高度；以起重机起升最大额定起重量至最高极限位置的起升高度为铭牌起升高度。

起升高度的确定应能满足铁路起重机的主要使用要求，综合考虑主要作业对象的质量、外形尺寸、吊索具和装载高度等。如果无特殊要求，应能将最大高度的物品装入高边敞车或活顶棚车等高侧墙和端墙的通用车辆内。

对于定长臂式铁路起重机而言，为满足在路堤上作业的需要，往往要求起重机在最小幅度时，取物装置应能落至轨道顶面或以下；如果经常在高路堤或高架轨道上作业，则应有下降深度要求。

对于伸缩臂式铁路起重机，原则上应该和定长臂起重机一样，在起重机吊臂全伸并处最小幅度情况下，取物装置应能下落至轨道顶面。

2.3　幅　　度

铁路起重机处于水平位置时，取物装置垂直中心线至回转中心线之间的水平距离称为幅度(R)，单位是米(m)。在起重机工作时，吊臂仰角最小时的幅度，称作最大幅度(R_{max})；吊臂仰角最大时的幅度，称作最小幅度(R_{min})。伸缩臂式起重机的吊臂全伸、仰角最小时(一般仰角为 0°时，即吊臂处于在水平位置)，为其最大幅度；吊臂全缩、仰角最大时的幅度为最小幅度。

在起重机变幅平面内，起重机机体最外端至取物装置垂直中心线之间的水平距离，称为有效幅度。对于使用支腿作业的铁路起重机，通常把起重机侧向作业，吊臂处于侧向最小幅度，取物装置铅直中心线至该侧两支腿中心连线之间的水平距离作为有效幅度。如果取物装置铅直中心线落在两支腿中心连线与轨道中心线之间，则有效幅度为负值，反之为正值。当有效幅度为正值时，表明起重机在最小幅度时可以进行作业。

对于铁路救援起重机，在本线上起复事故机车车辆或装卸货物是其十分重要的起重性能。为了简化、计算便于操作，当起重机吊臂位于轨道中心线的垂直平面内，取物装置垂直中心线至起重机车钩钩舌内侧面(车钩连接线)之间的水平距离称为钩前有效幅度。由于救援用铁路起重机的特殊性，一些铁路起重机使用说明书的起重性能表里，往往把钩前有效幅度简称为有效幅度。

为了能在本线吊起横置于起重机前方的机车车辆，救援用铁路起重机吊起机车或车辆的钩前有效幅度应不小于 1.8 m。

2.4　起重力矩

起重力矩(M)是包括铁路起重机在内的臂架式类型起重机的主要技术参数之一。一般而论，它是指起重机最大额定起重量(Q)和相应幅度的最大值(R)的乘积，通常也是起重机的最大起重力矩，即铭牌起重力矩。起重力矩的表达式是$M=Q\cdot R$，其单位一般采用 t·m。在某些特殊情况下，某一幅度(非最大额定起重量所对应的幅度)与对应起重量的乘积大于最大额定起重量与相应幅度的乘积。厂商往往把这一起重力矩作为起重机的铭牌起重力矩。

现代铁路起重机，特别是中型以上的起重机，提高了顺轨的起重性能，因此，通常所说的铭牌起重力矩往往是以顺轨小角度范围内摆动的最大起重量与其相应最大幅度的乘积。

铁路起重机工作时，不但要求有起重量，也要求有一定的幅度。单纯比较起重量，不比较其相应的幅度，是无法评定起重机起重能力的大小。显然，起重力矩这一参数，作为比较起重机等级和反映起重机起重能力的指标，要比单纯比较起重量这一参数更合适、更确切。举例来说，160 t 汽车起重机起升最大额定起重量 160 t 的幅度一般为 3～4 m，即起重力矩 480～640 t·m，而 160 t 铁路起重机的相应工作幅度为 10 m，即起重力矩 1 600 t·m。同样都是 160 t 臂架式类型起重机，最大额定起重量相同，但起重能力的差别达 2.5～3.3 倍。

2.5 工作速度

铁路起重机的工作速度主要包括起升速度、回转速度、变幅速度、吊臂伸缩速度、自力走行速度、回送速度和上车前部顺轨摆动速度等。当然，还有支腿支撑液压缸活塞伸出和缩回速度、支腿旋出和收回速度、平衡重伸出和缩回速度，以及平衡重挂放时间等，后面各项辅助性动作的速度，一般伸出时间可控制在 15～60 s 范围内，缩回时间约为伸出时间的 1/2。大型或特大型的铁路救援起重机可以控制得更宽松一些。由于辅助性动作的速度对起重机整个作业循环的效率影响较小，一般不重点考核，在此不作进一步介绍。

2.5.1 起升速度

铁路起重机的起升速度是指起升机构在稳定运动状态下，取物装置承载最大额定起重量垂直向上起升的位移速度，一般也就是起重机在铭牌上刻打的“起升速度”或“额定起升速度”，其单位是米/分(m/min)。

起升速度与起重机的用途、起重量大小和起升高度等因素有关。主要用于安装的起重机，需要低速定位；装卸用起重机，为提高生产率，要求高速起升；装卸散堆物料的起重机要求有比装卸整体物料更高的起升速度。

对于大起重量的起重机，最主要的是作业平稳安全，效率居于次位。为了减小起升功率，往往采用稍低的工作速度。对于救援用大型和特大型铁路起重机，为了抢时间开通线路，往往在起升速度的指标上增加“重载起升速度”和“空载起升速度”两项子指标，前者实际上就是“起升速度”的概念，后者是指起升机构在稳定运动状态下，取物装置上无任何载荷(空载)时垂直向上起升或下落的位移速度。对于一般液压起重机来说，空载起升速度可达重载起升速度的 3～4 倍，既解决了重载时的平稳，又有空载时的高速度，一举两得。

对于钢丝绳在起重卷筒上多层卷绕的起重机，起升速度按钢丝绳在卷筒第一层卷绕时计算。

臂架式起重机以不同的臂长和起重量进行大批量、重复性起重作业时，往往要求改变滑轮倍率，使起升速度大幅、甚至一倍或几倍增加。此时，起升速度通常以与滑轮倍率无关的单绳速度来表示。由于铁路救援起重机极少有改变倍率的情况，通常都使用更为直观的“起升速度”概念。

我国救援用特大型液压铁路起重机的起升速度一般均在 3～4.5 m/min，空载起升速度在 11～14 m/min；中小型铁路起重机的起升速度一般在 4～8 m/min 范围内。

2.5.2　回转速度

额定回转速度是指起重机取物装置满载、吊臂处于最小幅度（如为伸缩式吊臂则为全缩位）时的最大安全回转转速。

臂架式起重机的安全回转速度受旋转启动和制动时切向惯性力的限制，一般将吊臂头部处的最大圆周速度限在 180 m/min 以内，启动与制动时间为 4～8 s，故在 10 m 左右幅度时，回转速度限定在 3 r/min 以下。

铁路起重机的回转速度还与起重机的用途有关，救援用大型和特大型起重机的回转速度一般均为 1 r/min，中、小型起重机为 1.5～2 r/min，强调生产率的抓斗和电磁吸盘起重机可以达到 2.5 r/min，一般不宜超过 3 r/min。

2.5.3　上车前部顺轨摆动速度

伸缩式平衡重独立回转支承技术的应用，使吊臂与前转台一起和后转台分离而独自进行顺轨方向的摆动，摆动角度一般为顺轨方向左右各 30°，其工作速度称为上车前部顺轨摆动速度，单位是度/秒（°/s）。由于外载荷和上车前部自重合成的总垂直力偏离回转中心较远，回转阻力矩较大，其摆动速度应较回转速度为低，以 NS1600 型160 t铁路起重机为例，其上车前部顺轨摆动速度为 2°/s，约为回转速度的 1/3。

与回转速度的规定相似，额定上车前部顺轨摆动速度是指起重机取物装置满载、吊臂处于最小幅度、如为伸缩式吊臂则为全缩位时的最高摆动速度。

2.5.4　变幅时间

铁路起重机的“变幅时间”往往采用更加确切的术语即吊臂从最大幅度仰起至最小幅度的时间，单位是分（min）或秒（s）。

液压伸缩臂式起重机一般采用液压缸变幅，而液压缸的两腔（有杆腔和无杆腔）的面积不同，输入相同流量的油液，其运动速度各异。从最大幅度向最小幅度运动时，多使用无杆腔，有效面积较大，活塞杆推力大，但耗时较长，反向则时间较短，约相差 1 倍左右。

变幅速度与变幅机构的工作性质有关，如取物装置经常带载变幅，称为工作性变幅机构；如只用在取物装置空载时调整取物装置位置，则称为非工作性变幅机构。铁路救援起重机应按工作性变幅机构设计。但铁路起重机的“变幅时间”规定为:在取物装置空载状态下,吊臂(伸缩式吊臂应为全缩位)从最大幅度仰起至最小幅度所需的时间。

按 20 世纪 80 年代前的规范规定,禁止铁路起重机带载变幅,因此,变幅机构可以按非工作性机构进行设计。

铁路救援用大型或特大型铁路起重机,对工作的平稳性和安全性要求较高,一般不要求快速变幅,变幅时间多数在 1.0～2.7 min 之间;中、小型起重机稍快一些,多数在 1 min 以内。

2.5.5 吊臂全伸(全缩)时间

伸缩臂式铁路起重机在液压泵输出额定流量、取物装置空载、吊臂处于最大仰角时,吊臂从全缩状态伸长至极限位置所用的时间称为吊臂全伸时间,反之,则称为吊臂全缩时间,其单位是秒(s)。吊臂伸缩机构几乎无一例外采用长液压缸,同样由于液压缸两腔(有杆腔和无杆腔)有效面积各异,致使吊臂全伸与全缩的时间相差较大,额定吊臂全缩时间约为全伸时间的 1/3～1/2。

铁路起重机伸缩臂的构成,一般均为 1 节基本臂,1～2 节伸缩臂,全伸出的总长度一般在 20～30 m 范围内。人们习惯于使用吊臂全伸(或全缩)时间这一参数来表示吊臂伸缩速度,但不便于相互比较和借鉴。因此,引入了"吊臂伸出(或收缩)速度"的概念,即每分钟吊臂伸出的位移量,单位为米/分(m/min)。铁路起重机的吊臂伸出速度约在 6～11 m/min 范围内。

2.5.6 自力走行速度

铁路起重机吊臂落下至铁路机车车辆限界内,取物装置空载,依靠起重机自身动力在平直铁路线上行驶的最大容许速度称为自力走行速度,其单位是公里/小时(km/h)。对于出厂时配套提供吊臂平车的铁路救援起重机,应为起重机牵引吊臂平车的自力走行速度。

铁路起重机的自力走行速度因用途而各异,差别很大。救援用起重机因救援作业时大多临时配有牵引机车,故对自力走行速度要求不高,一般≥12 km/h 即可。为适应线路开通后高效拣拾事故车零部件需要,现代铁路救援起重机的自力走行速度往往要求提高到 20～40 km/h。施工用铁路起重机自力走行速度多数在 25～40 km/h。为了利用铁路开天窗时间施工,有的国外施工用铁路起重机自力走行速度达到 100 km/h;通用铁路起重机的自力走行速度一般在 12～25 km/h。

起重机取物装置上悬有重物进行自力走行,也属自力走行范畴。现代起重机的带载自力走行性能日益提高，特别是顺轨方向性能，有的甚至达到最大额定起重量带载自力行走，带载自力走行速度除有特殊规定外，一般只容许低速行驶，见本章 2.14.5 节的介绍。

2.5.7　回送速度

回送速度是铁路起重机特有的名词，其定义是铁路起重机编挂在列车中的最大容许运行速度，其单位是公里/小时（km/h）。

回送速度专指起重机由机车牵引但依靠起重机自身的走行装置在铁路线上运输（简称自轮运转）的速度。对于起重机解体成几大部件装载在货车上运输者，不在此列。

由于铁路运输的不断提速，货物列车的运行速度已要求达到 120 km/h 及以上，故新开发的铁路起重机均要求达到回送速度 120 km/h。从发展趋势来看，有进一步提高的需求。

2.6　支腿间距

为了增大铁路起重机的起重能力，除部分小型起重机外，均设有支腿。铁路起重机常用的支腿型式有 H 式支腿和旋出式支腿。大型和特大型铁路起重机基本上均采用 4 组旋出式支腿。在使用支腿作业时，支腿从底架侧面向外旋出，使 4 个支承点形成正方形或长方形的支承面。当自力走行或回送时，支腿旋回，使其任何部位均容纳在机车车辆限界内。

由于顺轨方向作业的重要性和提高作业效率的需要，新型铁路起重机在顺轨单侧（0°～30°间的适当角度）作业时，视不同摆动角度，仅使用作业侧前方一组支腿或作业侧前后两组支腿，缩短了作业准备时间。

所谓“支腿间距”，对于使用 4 组支腿来说是两组支腿支承点中心线间在顺轨道方向或垂直轨道方向的水平距离，顺轨道方向称为纵向支腿间距，垂直轨道方向称为横向支腿间距，其示意图如图 2-6(a)所示；对于使用作业侧一组或二组支腿来说，其横向支腿间距为轨道中心线至支腿支承点间的水平垂直距离，其示意图如图 2-6(b)所示。

20 世纪 80 年代以前，大多数铁路起重机的纵、横支腿间距相等，支承面形成正方形，保持上车 360°旋转时的倾覆稳定性基本一致。20 世纪 80 年代以后，为提高铁路起重机顺轨方向的起重能力，挖掘起重机纵向稳定性以及吊臂和底架承载能力的潜能，全部按长方形设计。

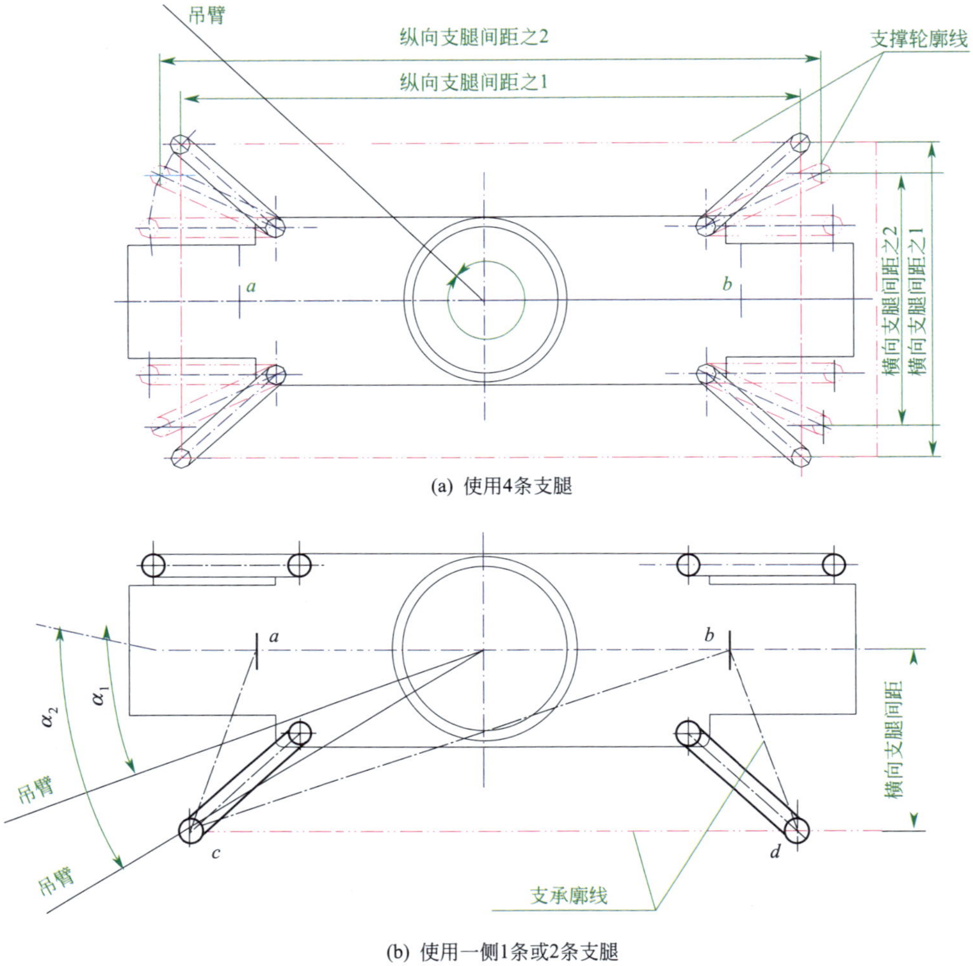

图 2-6　下车轮廓及支腿间距图

为适应不同的环境、地形和不同起重量的需求，大型和特大型铁路起重机还将支腿间距设计成几个档次。如 NS1601 型 160 t 起重机的支腿间距(纵×横)有 10.6 m×6.0 m 和 11.38 m×4.8 m 等 2 种；NS1252 型 125 t 铁路起重机有 7.0 m×6.6 m、9.0 m×6.0 m 和 10.6 m×4.0 m 等 3 种。

2.7　下车长距比

下车长距比是铁路起重机的特有术语，其意义是起重机车钩连接线水平距离与下车定距(转向架中心距)之比。比值愈小，则转向架趋向远离回转中心；相反，比值愈大，则转向架愈向起重机回转中心靠近。

铁路起重机不使用支腿起重性能的主要限制条件是车轮最大轮压不得超过铁路主管当局的规定指标。吊臂处于顺轨方向不使用支腿作业时，起重机取物装置上的外载荷与起重机自重形成的总垂直力作用线至回转中心的水平距离确定以后，减少长距比，也就是转向架中心距加大，则两个转向架心盘所承受的载荷差异减少，离总垂直力作用点比较近的转向架心盘所承受的载荷减少，两个转向架各轴的轮压趋向均匀。在一定轮压的约束下，长距比小，提高了不使用支腿的起重性能。也使起重机向顺轨一侧小角度摆动起重作业时，有可能只使用单侧前支腿或单侧两组支腿，提高了起重作业效率。

下车长距比趋近于 1.5 时，下车两端与其中间部位在通过曲线时的偏倚量趋近一致，起重机吊臂前端通过曲线的偏倚量也相应减少，对提高起重机通过曲线的性能有益。同时，下车中部空间加大，使维修人员更易于接近转向架各部、下车制动和走行传动装置，方便了日常检查和维护修理。

下车长距比的减少会导致底架侧梁所承受的弯矩加大，但由于转向架向车钩方向移动，使底架侧梁具有加高断面的充裕空间，在设计上不难解决。

以前设计生产的铁路起重机下车长距比多数在 1.9～2.3 范围内，近代设计生产的铁路起重机下车长距比已达到 1.5。

2.8 自重(整备状态或回送状态)

铁路起重机的自重(G)是指工作状态下的机械总重，用铁路术语来说，就是整备状态下的整机质量，其单位为吨(t)。

与整备状态下的整机质量相对应的是回送状态自重，前者等于或大于后者，特别是大型或特大型铁路救援起重机，整机质量要比回送状态自重大。大型起重机在回送时，往往将吊钩滑轮组和吊臂头部依托在吊臂平车的支架上，将这部分质量由吊臂平车分担；一些特大型起重机，还在回送时将重达几十吨的平衡重置于配套的平衡重专用车辆上，从而使起重机的回送状态轴重达到铁路部门规定的指标。

自重是评价一台起重机的一个综合性指标，它反映起重机设计、材料、工艺等技术水平。随着技术和材料的进步，自重指标将会逐渐降低。

自重指标在一定程度上反映起重机的先进性。一般采用反映单位自重下起重能力的质量利用系数 K 来表示。对于铁路起重机，可用最大起重力矩(M_{max})来表明起重能力。质量利用系数可用下式表示：

$$K=\frac{M_{max}}{G} \quad (\mathrm{t \cdot m/t})$$

K 值大，说明单位自重具有较强的起重能力。

为供比较参考，现将国内外部分铁路起重机的质量利用系数汇集见表 2-2。

表 2-2　起重机质量利用系数比较表

序号	型　号	Q(t)	R(m)	M_{max} (t·m)	G(t)	$K=M_{max}/G$ (t·m/t)	产　地
1	NS2000	152	19	2 888	270	10.70	德国
2	NS1600/1600A	160	10/10.5	1 600/1 680	192/197	8.33/8.53	德国
3	NS1601/NS1602	160	9	1 440	186/184	7.74/7.83	齐齐哈尔/武汉
4	N1601/N1602	160	10	1 600	187/190	8.56/8.42	齐齐哈尔/武汉
5	NS1251C	125	8	1 000	136	7.35	齐齐哈尔
6	NS1252	125	7	875	138	6.34	兰州
7	KRC1200	120	10	1 200	≈171	7.02	德国
8	N1002/N1002A	100	5.2/6.5	520/650	130	4.0/5.0	齐齐哈尔
9	NS1001	100/70	6.5/10	650/700	138	5.07	兰州
10	NZS0631	63	5.2	327.6	88	3.72	齐齐哈尔
11	NS0632	63	6	378	92	4.1	兰州
12	Z601	60	5.2	312	101.7	3.06	齐齐哈尔
13	NS0201	20	7	140	57	2.46	兰州
14	NS0201A	20	6.9	138	44	3.14	齐齐哈尔

从表 2-2 可以看出一个规律，大吨位起重机的质量利用系数要比小吨位的好得多；定长臂起重机要比伸缩臂起重机好；内燃起重机要比蒸汽起重机好。所以，表 2-2 中的系数只能在同等级、同类型的铁路起重机中相互比较参考。不推荐单纯追求高指标，要全面综合考量。

2.9　轴　　重

铁路起重机处于回送状态，转向架单一车轴所允许担负的最大质量（即轴荷重）与轮对自重之和，称为轴重，以吨(t)为单位。当以作用于轨道的重力计时，以千牛(kN)为单位。

铁路起重机轴重由合同附件技术规范规定，世界各国铁路的规定有很大的差异，即使一个国家铁路对于不同用途的起重机和不同的线路，往往会有不同的规定。为提高铁路运输能力，一些国家积极推行大轴重。轴重范围从 10 t(约 100 kN)到接近 40 t(约 400 kN)。我国国家铁路对于铁路救援起重机轴重一般规定为 23 t(约 230 kN)，对于小型机曾规定 21.5 t(约 215 kN)，N1001 型和 N1002 型等机型的规定轴重为 25 t(约 250 kN)。

轴重大则整机允许的回送状态自重大，起重性能有可能较高；在起重性能不变的条件下，可能采用轴数较少的转向架，因此，轴重是必须慎重对待的指标。如 NS1601 型的规定轴重为 23 t(约 230 kN)，配置两组 4 轴转向架，即整机有 8 根轴，其回送状态自重不应超过 23×8＝184 t。

2.10 最大轮压

铁路起重机不使用支腿作业时，一个车轮传递到轨道上的最大垂直静载荷称为最大轮压，单位为千牛(kN)。

起重机不使用支腿作业，当重物回转至不同角度时，各个车轮作用在轨道上的载荷是变化的，而且各不相同。

最大轮压指标应由用户在标书或合同文本中规定。当用户无明确要求时，可取轴重的 1.5 倍左右，如轴重为 23 t(约 230 kN)，则最大轮压可取 345 kN 左右。国外某些铁路起重机制造商取用的最大轮压达到轴重的 2 倍。

2.11 尾部回转半径

铁路起重机的上车尾部回转半径是指与吊臂相反方向的起重机回转部分的最大回转半径。对于装设伸缩式平衡重的起重机，以尾部平衡重处于全缩位为其名义尾部回转半径。如尾部端面为一垂直平面，则从回转中心到两侧边缘的水平距离为尾部回转半径；如尾部端面是一以回转中心为圆心的圆柱面，则圆柱面的圆弧半径即为尾部回转半径。

这一指标关系到起重机正常作业时会不会与铁路沿线设施、路堑边坡发生干涉；也关系到起重机作业时尾部会不会侵入邻线，影响一股或多股邻线正常运行；尾部回转半径还对起重机车钩连接线间水平距离的大小起到决定性的影响，因为，车钩连接线水平距离必须大于上车尾部半径一倍以上，并应留有足够的余量，以避免回送时列车纵向冲击引起与紧邻车辆或货物的碰撞。

在可能的条件下，尾部回转半径应尽量小一些，国外某些型号的线路施工用铁路起重机，其尾部回转半径为 2 m，正好是正常线路最小线间距离的一半，作业时尾部不影响邻线的正常运行，但尾部回转半径过小，会严重影响起重机垂直轨道方向的起重能力。因此，应该统筹考虑，在满足主要使用条件情况下，适当放宽尾部回转半径要求。

下面提供部分铁路救援起重机尾部回转半径具体数据统计（表 2-3），供参考类比。

表 2-3　铁路起重机尾部回转半径统计表

序号	型　　号	起重量（t）	尾部回转半径（m）	车钩连接线间水平距离（m）	产　地	备　注
1	NS2000	200	7～14	15.0	德　国	尾部伸缩式平衡重
2	NS1600/1600A	160	7.0～12.3	15.0	德　国	尾部伸缩式平衡重
3	NS1601/NS1602	160	5.8	12.6	齐齐哈尔/武汉	
4	N1601/N1602	160	5.8	12.6	齐齐哈尔/武汉	
5	KRC1200	120	7.17～12.6	15.0	德　国	尾部伸缩式平衡重
6	NS1251C	125	4.2～5.8	11.369	齐齐哈尔	尾部伸缩式平衡重
7	NS1252	125	5	12.2	兰　州	尾部伸缩式平衡重
8	NS1001	100	5	11.24	兰　州	
9	N1002/N1002A	100	5.0	11.24/11.309	齐齐哈尔	
10	NS0631	63	3.5	10.1	齐齐哈尔	
11	NS0632	63	4	11.778	兰　州	
12	Z601	60	4.549	9.475	齐齐哈尔	
13	NS0201A	20	2.8	8.919	齐齐哈尔	
14	NS0201	20	3.4	9.938	兰　州	
15	N151	15	3.623	7.79	齐齐哈尔	

2.12　回送状态下的重心位置

铁路起重机回送状态下重心位置的含义，包括整机的重心高，重心的纵向和横向水平投影位置等。

在回送状态下，去除吊臂平车、平衡重专用车或其他车辆分担的起重机部分质量外，起重机整机重心距轨道顶面的垂直距离，称为回送状态下的重心高，其单位为米（m）或毫米（mm）。

按铁路行业标准《内燃铁路起重机技术条件》(TB/T 3081—2003)的规定，铁路起重机回送状态重心高不大于 2 000 mm。在起重机的横断面上，回送状态重心的水平投影，在理论上应落于轨道中心线上；否则，应作调整或增加配重加以修正。在起重机的纵断面上，回送状态重心的水平投影，在理论上亦应尽量落于两心盘中心连线的中点上，使起重机各轴承载均匀。但在轴重不超出规定值的前提下，允许重心有少许纵向偏移。

铁路起重机回送状态重心高突破 2 000 mm，而又必须具有较高回送速度者，应在整机落成后，提请具有法定资格的试验鉴定单位按国家标准《铁道特种车辆和轨行机械动力学性能评定及试验方法》(GB/T 17426—1998)进行试验确认。

铁路起重机重心偏高不仅对回送速度造成影响，也影响起重作业的稳定性。因此，在设计时应认真对待重心高问题，采取各种降低重心高的措施，特别是大型和特大型伸缩臂式铁路救援起重机，因为伸缩臂自重较大且位于起重机的顶部，对整机重心高的控制不利，应特别关注。

以下是国内部分铁路起重机回送状态重心高数据，供参考：N1601 型 160 t 起重机的重心高 1 925 mm；NS1601B/NS1601C 型 160 t 为 1 978 mm；NS1600 型、NS1600A 与 NS2000 均为 1 977 mm；N1251C 型 125 t 起重机为 1 890 mm；NS0632 型 63 t 为 1 800 mm；Z151 型 15 t 起重机拆下吊臂回送的重心高为 1 530 mm。

2.13　起重机外形尺寸

起重机外形尺寸有长、宽、高三要素。这里主要说明其横断面的宽和高必须容纳在机车车辆限界之内的问题。

国家标准《标准轨距铁路机车车辆限界》(GB 146.1—1983)中，对“机车车辆限界”定义如下。

机车车辆限界是一个和线路中心线垂直的极限横断面轮廓。机车车辆无论是空车或重车，无论是具有最大标准公差的新车，或是具有最大标准公差和磨耗限度的旧车，停放在水平直线上，无侧向倾斜与偏移，除电力机车升起的集电弓外，其他任何部分应容纳在限界轮廓之内，不得超越。

铁路起重机在回送状态下，凡超出“限界”的零部件，如铁路起重机的扶手、扶梯、烟囱、灯具或下车的走行传动和制动的零部件等，均应在起重机回送前临时拆除。如有任何部位超出机车车辆限界，回送时均按超限货物托运或不接受托运。

适用于铁路起重机的机车车辆上部限界“车限—1A”和下部限界“车限—1B”的具体尺寸，如图 2-7 所示。

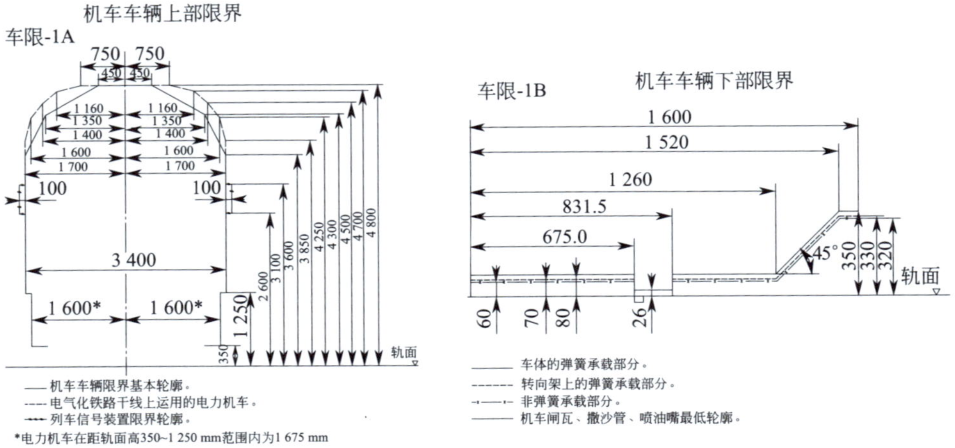

图 2-7　机车车辆限界

2.14　带载作业能力

铁路救援起重机的主要起重性能均在使用支腿的工况下实现。这时，起重机在轨道上就固定在预先选定的位置上，不能移动对位。取物装置上载荷的移位和定位，必须依靠起重机的下列功能来完成：吊臂带载变幅、吊臂带载伸缩（限于伸缩臂式液压起重机）和上车带载回转。在不使用支腿的工况，可以按照带载自力走行或牵引走行的起重性能进行移位和定位。

2.14.1　作业区域图

为便于理解带载作业能力问题，引入了“作业区域图”概念。

所谓“作业区域图”就是指起重机取物装置上的载荷投影到地平面上所能实现移位和定位的区域范围图。它能够直观地反映出起重机在最大额定起重量和一些关键性起重量级别的综合性能，分析有关参数的合理性，直观地判定某种特定的起重性能是否得到满足。

为说明作业区域图的作图方法，以 N1601 型 160 t 铁路起重机使用支腿、上车尾部背负 2 组平衡重、载荷 160 t 为例，其作业区域图如图 2-8 所示。以起重机回转中心为圆心，顺轨±10°的最大幅度 10 m、顺轨±30°的最大幅度 8 m、回转 360°的最大幅度 6.5 m 和最小幅度 6 m 等为半径，画 4 个同心圆，再通过圆心画出与轨道成±10°和±30°的直线，线间所包容的填充斜线的部分就是载荷 160 t 的作业区域图。通过圆心作水平和垂直中心线，对称这两条中心线画1个双点划线的长方形，其顺轨方向长等于起重机车钩连接线间的水平距离(下车车长)，横向宽为支腿横向间距，再画出邻线中心线，标注图2-8所示的有关尺寸，就成为一幅作业区域图。载荷沿圆弧方向的移位，依靠上车带载回转，径向移位依靠吊臂带载变幅或吊臂带载伸缩，由于吊臂带载伸缩能力不强，在实际应用上主要依赖吊臂带载变幅。

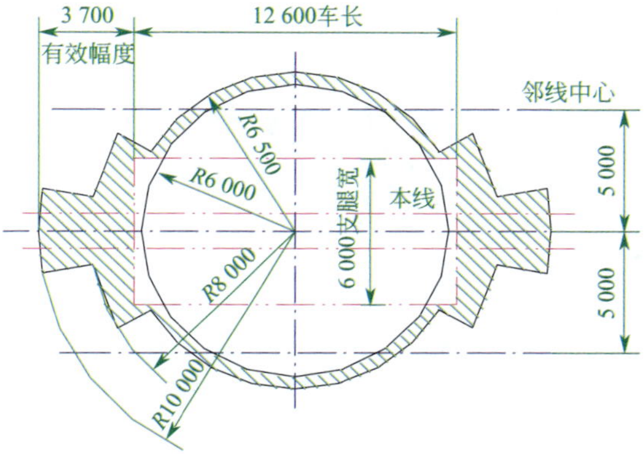

图2-8 N1601型起重量160 t、2组平衡重、支承间距6 m×10.6 m的作业区域图

作业区域图可以给出起重机在某一工况下，对某一额定起重量的作业能力给出一个直观的、完整的概念，其内容包括如下。

①作业区域图所包含的面积(填充斜线的部分)，面积大则表示一次使用支腿所能直接移位和定位的区域大、作业方便、效率高。

②明确无误地看出起重机纵、横方向的有效幅度，判定其起重性能的实用性。

③明确无误地判定作业区域图是否在360°范围内有连续性，能否将载荷移位到邻线、顺轨大于30°的地区或起重机的后方。如不连续，该起重性能的实用性应予以特别关注。

对于铁路救援起重机，宜对最大额定起重量150 t、138 t、100 t、84 t或对应其他主要作业救援吨位级别，用作业区域图的方式对起重机起重性能进行综合分析。

比较图2-9～图2-11中的3张作业区域图，其中图2-9是一台设定的160 t伸缩臂式铁路起重机，额定起重量138t，上车尾部背负2组平衡重，支腿间距(横×纵)6 m×10.6 m的作业区域图，钩前有效幅度为3.3 m，具有360°回转作业能力，在邻线上具有2段作业区域；图2-10为同一起重机，其他条件相同，仅支腿间距改为 4.8 m×11.38 m，其作业区域面积为13.53 m^2，钩前有效幅度也是 3.3 m，但仅能在±30°范围内的一段圆弧上作业，不具备 360°回转作业能力，清楚地说明在这种支腿间距下，起重量 138 t 没有多少实用意义，应该对支腿的横向间距作适当调整。

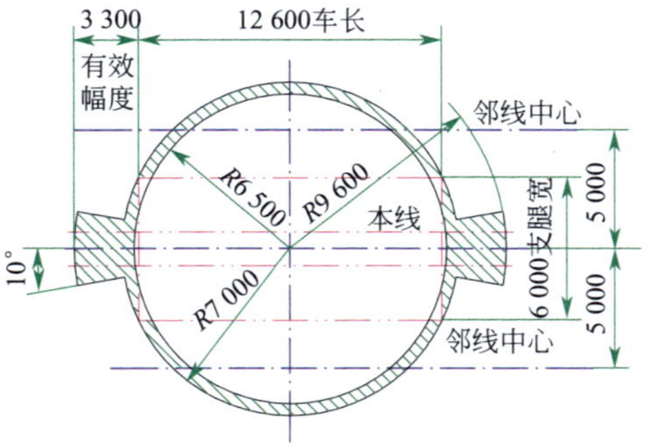

图 2-9　某型 160 t 起重机，起重量 138 t、2 组平衡重、支腿间距 6 m×10.6 m 的作业区域图

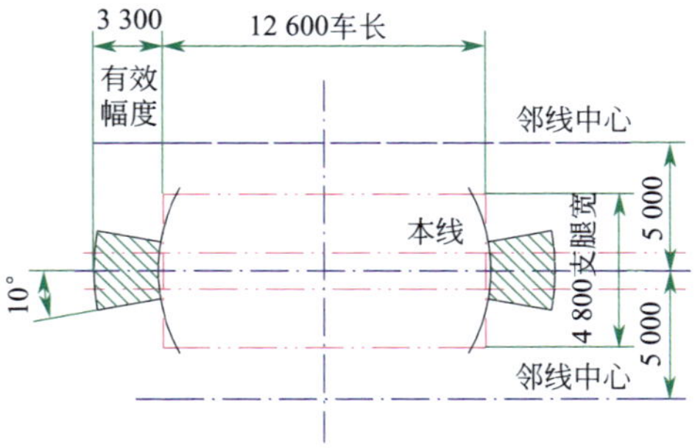

图 2-10　某型 160 t 起重机，起重量 138 t、2 组平衡重、支腿间距 4.8 m×11.38 m 的作业区域图

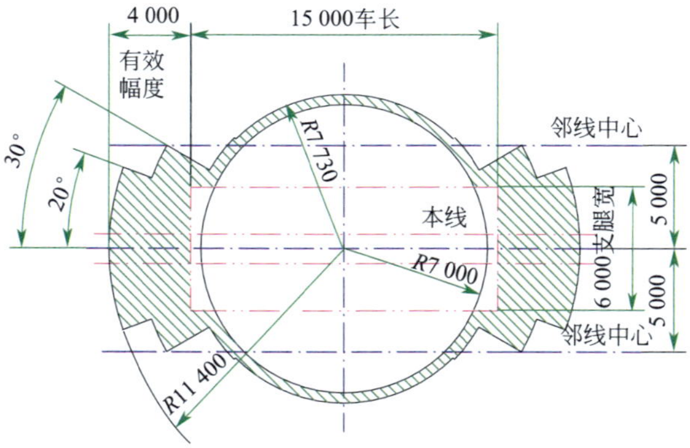

图 2-11　另一型号 160 t 起重机，起重量 138 t、伸缩式平衡重、支腿间距 6 m×13 m 的作业区域图

图 2-11 为另一台设定的 160 t 伸缩臂式起重机，起重量 138 t，上车尾部背负 2 组伸缩式平衡重，支腿间距为 6 m×13 m 的作业区域图，该机主要利用伸缩式平衡重的特点，在顺轨±20°范围内，伸缩式平衡重处于全伸位，在顺轨±20°以外，伸缩式平衡重处于全缩位，其作业区域面积与前者相较，增大了许多，仅就起重机作业区域进行分析，后者作业更方便，效率更高。

2.14.2　吊臂带载变幅

对于主要以使用支腿方式作业的铁路起重机，吊臂的带载变幅性能具有十分重要的实用意义。起重机吊臂能够在额定起重量所允许的幅度范围内任意带载俯仰，即具备“全额带载变幅”能力。

仍以某型 160 t 铁路起重机为例，其作业区域图如图 2-9 所示，在幅度 9 m 处吊起 138 t 载荷，因具备全额带载变幅能力，吊臂可以在 6.5～9 m 幅度范围内，任意俯仰，变幅至 6.5～7.0m 范围内，可带载回转至邻线或本线的起重机后方，完成预定的载荷移位和定位作业。

某型号的定长臂起重机只允许在2/3(或其他比率)额定起重量下变幅，不允许全额带载变幅。仍以 138 t 为例(图 2-9)，负载 138 t 只能在幅度 9 m、顺轨±10°的一小段弧线上移位。显然，这是没有多少实用意义的理论性能，其实用性能应为 138 t×2/3=92 t，即额定起重量降低 1/3。由此可见吊臂带载变幅性能的重要性。

2.14.3　吊臂带载伸缩

对于液压伸缩臂式铁路起重机来说，吊臂带载伸缩和吊臂带载变幅一样，都可以改变取物装置上载荷的幅度值。吊臂带载变幅是改变吊臂的仰角来达到改变幅度的目的，而吊臂带载伸缩是在吊臂仰角不作任何改变的条件下改变幅度。

这是一种非常有用的性能，特别是起重机在隧道内、桥梁上和电气化铁路接触网下等空间受限条件下作业时，以吊臂伸缩来改变幅度几乎是惟一的选择，具有无法替代的重要作用。

吊臂带载伸缩能力受限于吊臂结构的强度、伸缩液压缸的推力和自重以及各节臂间摩擦块寿命等技术难题的限制，目前还难以做到按额定起重量全额伸缩的水平。一般国产起重机的带载伸缩能力，多数只能做到额定起重量的 1/3，有些进口起重机能够达到额定起重量的 2/3。对于救援用的 160 t 伸缩臂式铁路起重机，2/3 的额定起重量可达 106.7 t，在救复机车车辆时，具有实用价值。

吊臂带载伸缩能力反映在作业区域图上，应该和吊臂带载变幅一样，只是其伸缩能力是全额带载变幅能力的 1/3、2/3 或其他比例而已。

2.14.4　上车带载回转

所有铁路起重机都具备在取物装置承受额定载荷情况下，上车作全额带载 360°回转的性能。作业区域图也是以上车全额带载回转为基本条件绘制的。

2.14.5 带载自力走行或牵引走行

铁路起重机的主要作业性能，简单地说，就是两大工况，即使用支腿工况和不使用支腿工况，前一种工况是把起重机固定在指定地点，后一种则允许起重机沿铁路线移动。带载自力走行或带载牵引走行性能是铁路起重机机动性和灵活性的体现，同样是铁路起重机十分重要的性能。

不使用支腿的作业性能主要受限于铁路主管部门规定的最大轮压。带载走行由于取物装置上载荷处于悬空状态，容易产生载荷摇晃和摆动。为安全考虑，一般以低于 50 m/min(3 km/h)的低速行驶，其作用在轨道上的力与静态作用基本一致，因此，带载自力走行或带载牵引走行性能应该与不使用支腿的起重性能是一致的。

不使用伸缩式平衡重或伸缩式平衡重行程较小的铁路起重机，在不使用支腿吊重时，前后转向架的轮压相差较多，其起重量均在相同幅度、使用支腿的额定起重量 40%以下，多数在 20%以下。现代铁路起重机由于使用伸缩行程长达 5 m 及以上的伸缩式平衡重，同时采用安全监控技术，平衡重的伸出位置随外载荷而变化，轮压较均匀，其不使用支腿与使用支腿的起重量相当接近或相同。但为避免转向架两侧轮压差异过大，以至超出最大轮压的控制值，一般外载荷的顺轨方向允许摆动角度较小。

带载自力走行或牵引走行，体现在作业区域图上是随着走行距离的加长而延长。图 2-12 是 KRC1200 型 120 t 铁路起重机在起重 85 t、上车背负 2 组平衡重、平衡重全伸至尾部半径 12.6 m 处、带载自力走行的作业区域图。由于其最大回转角度为顺轨±8°，只能在狭长区域内作业。取物装置上的载荷中心至轨道中心线的最大水平距离，窄于机车车辆上部限界，其实用意义受到很大的限制。

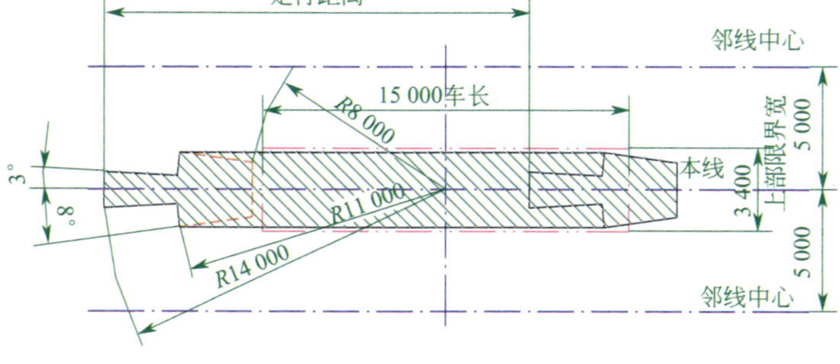

图 2-12 KRC 1200 型 120 t 起重机、起重量 85 t、2 组平衡重、平衡重全伸至 12.6m、负载自力走行的作业区域图

当 120 t 铁路起重机起重量 20 t、上车背负 1 组平衡重、平衡重伸出至 8.5 m 并随吊臂旋转，允许摆动角度为顺轨 ±30°时，取物装置上的载荷中心至轨道中心线的垂直距离可达 6.25 m，虽然也同样不能作 360°大回转，但其作业区域可达邻线中心线，是很有实用价值的带载走行性能。

2.15 相关铁路术语

由于铁路起重机运行在铁路线路上，绝大多数救援起重机配属铁路部门，由铁路主管部门管理，其转向架的轮对和轴承、车钩缓冲装置、风制动或人力制动装置等主要零部件均采用铁路标准件或通用件，因此，很多铁路术语广泛应用于铁路起重机，现将常用于铁路的术语说明如下。

2.15.1 车钩连接线水平距离

下车不受纵向外力影响时，下车两端车钩钩舌内侧面间的水平距离谓之车钩连接线水平距离，也可以称为下车长度。

2.15.2 换算长度

换算长度在机车车辆和铁路起重机的标记上简称为换长。其数值是车辆(或起重机下车)长度(m)除以 11(m)，保留一位小数，尾数四舍五入。如 C_{70} 型敞车，车辆长度为 13.976 m，则换长为 13.976÷11=1.27，尾数四舍五入，标记上换长应为 1.3。

换长是用来快速计算整个列车长度的。铁路起重机需要编组在列车中运行，必须在机体上有明显的换长标记。

建国初期，我国铁路大量运用的主型货车为车长 11 m 的 30 t 敞车，所以用 11 m做换算单位，沿用至今。

2.15.3 每延米重

回送状态起重机自重与下车长度之比值称为每延米重。

相对于铁路车辆，起重机具有较高的每延米重。如 C_{70} 型敞车，车辆总重 93.6 t，车辆全长 13.976 m，其每延米重为 6.69 t/m；NS1601B/NS1601C 型铁路起重机的回送状态自重 184 t，下车长度 12.6 m，其每延米重为 14.6 t/m。由于铁路起重机几乎不存在重联回送，对于每延米重一般无硬性要求。

2.15.4 曲线超高

线路两股钢轨顶面，在直线地段应保持同一水平。为了平衡列车行驶在曲线上产生的离心力，曲线地段外股钢轨高于内股钢轨的数值谓之曲线超高。

我国铁路规定，客货共线的双轨地段，曲线超高不得超过 150 mm，单线地段不得超过 125 mm。

2.15.5 通过最小曲线半径

车辆(或铁路起重机)在站场或厂、段内调车时所能安全通过的最小曲线半径称为通过最小曲线半径，对于在国内铁路使用的铁路起重机，一般可取为 145 m。个别厂矿内部铁路尚存在较小的曲线半径，可提出通过最小曲线半径的特殊要求。

2.15.6 车辆(或铁路起重机下车)定距

车体支承在前后两走行部之间的距离称为车辆定距。对于带转向架的车辆，又可称为转向架中心距。

2.15.7 轴距

同一转向架中，两相邻车轴中心线间的水平距离称为轴距，以 NS1601 型为例，其转向架轴距为 1 300 mm。

2.15.8 固定轴距

同一转向架中，前后两个车轴中心线间的水平距离称为固定轴距，同样以 NS1601 型为例，其 4 轴转向架的固定轴距为 3×1 300=3 900 mm。

2.15.9 全轴距

车辆(或铁路起重机)上，1、2 位端最外面车轴中心线间的水平距离称为全轴距，以 NS1601 型为例，全轴距=下车定距 6000 mm+固定轴距 3 900 mm=9 900 mm。

两轴车中“全轴距”亦可称为“固定轴距”。

2.15.10 车端

车辆(或铁路起重机下车)沿其车辆纵向的前后两端部分为车端。

在铁路起重机底架侧梁两端有“1”或“2”的标记，其意义是区分车端。

铁路起重机下车与铁路行车安全关系密切。为传递下车主要零部件的故障或其他必要的信息，与铁路车辆一样，需规范术语以说明其确切位置。

2.15.11　1 位端

车辆上，装人力制动机的或制动缸活塞杆伸出方向的一端，称为 1 位端。当上述含义不适用时，由设计部门自行规定。

铁路起重机很少在下车端部装设人力制动机，部分起重机甚至不安装风制动装置，还有一些起重机采用盘形制动等，均无整机集中单一的制动缸，铁路起重机制造厂商在底架侧梁端部涂打阿拉伯数字“1”或“2”的车端标记。

2.15.12　2 位端

车辆上，与 1 位端相反的另一端即为 2 位端。

2.15.13　1 位侧

观察者位于 1 位端，面向车辆站立时，观察者左边的车辆一侧为 1 位侧(图2-13)。

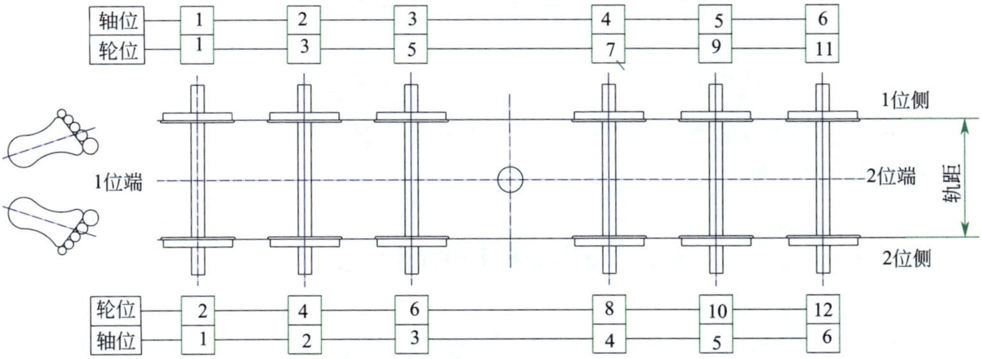

图 2-13　下车位置术语说明图

2.15.14　2 位侧

车辆上，与 1 位侧相反的另一侧为 2 位侧(图 2-13)。

2.15.15　轴位

车轴在车辆中的位置。通常从 1 位端起至 2 位端止，以自然数顺次标注轴位(图 2-13)。

2.15.16　轮位

车轮在车辆中的位置。通常按轴位并以 1 位侧为单数，2 位侧为偶数，以自然数顺次标注轮位(图 2-13)。

第3章　世界铁路起重机的发展现状

铁路起重机的发展与铁路运输事业的兴衰密切相关。铁路运输业务发展则铁路起重机订单增多，众多企业竞相参与铁路起重机的开发与制造，市场竞争加剧，铁路起重机的发展处于黄金期；铁路运输走下坡路，则铁路起重机市场萧条，制造商纷纷下马或改行，铁路起重机的发展处于平稳期或衰落期。

3.1　铁路起重机制造企业

20世纪70年代以前，随着铁路事业的兴旺，铁路起重机开发制造的企业遍布英、美、德、法、日和原苏联等国家。从20世纪90年代，在国际市场上具有竞争力的厂商仅有2～3家。

3.2　Kirow Leipzig 公司

在世界范围内，就铁路起重机的发展来说，德国的Kirow公司具有特殊的重要地位，因此，需要单独对其历史和发展作一介绍。

Kirow公司的前身是一家始建于1880年的起重运输机械制造厂。1945年改组成为国营企业，定名为VES Schwermaschinenbau S. M. Kirow Leipzig。以原苏联和东欧人民民主共和国为主组成的经济互助委员会(简称经互会)指定该公司在经互会内独家专业生产铁路起重机，其累计产量超过5 000台，是全世界铁路起重机产量最多的生产厂商，多数产品销售给经互会国家。

1994年，Kirow公司成为德国KOEHNE集团的一员，主要产品仍然是铁路起重机，企业名称改为Kirow Leipzig。

在铁路起重机方面，Kirow公司与中国铁路有着长期的交往经历。建国初的经济恢复时期，我国引进了Kirow公司生产的EDK 100型100 t内燃电力铁路起重机3台，如图3-1所示；1979年，又引进了EDK 300型60 t内燃电力铁路起重机

10 台，参见图 4-7。2006～2007 年，利用国际贷款资金，先后分 4 批引进 NS1600 型（生产厂型号为 KRC1600）160 t 内燃液压伸缩臂式铁路起重机 13 台，见图 4-8。2007～2010 年，为满足提高起重性能的要求，在 NS1600 型的基础上，改进为 NS1600A 型，进口 16 台，亦如图 4-8 所示，NS1600A 型的外形和性能与 NS1600 型无明显区别，只是部分工况的起重量稍有提升。原铁道部为进一步提高救援效率，于 2010～2012 年与 Kirow 公司签订了进口 NS2000 型 200 t 铁路起重机 13(6＋7)台的合同。又在 2012 年与 Kirow 公司签订了进口 NS1600 型 160 t 铁路起重机 20 台的合同。

建国以来，在我国铁路系统引进的国外铁路起重机中，Kirow 产品份额最大，引进的铁路救援起重机中，全部为 Kirow 产品。

图 3-1 EDK 100 型 100 t 铁路起重机

3.3 铁路起重机技术发展现状

20 世纪 90 年代以来，由于液压技术的成熟和计算机技术的快速发展，铁路起重机技术也呈现突飞猛进的态势，一些传统结构得到突破，以起重性能为主的各项指标得到全面提高，起重机顺轨方向起重能力的提高尤为突出、起重机的安全性和可靠性也有显著改善。

现仅就铁路起重机技术的发展现状作一概括性介绍。

3.3.1 伸缩臂技术

一直到 20 世纪 90 年代初，国内铁路救援起重机都是定长臂式。而同期在国外，虽有伸缩臂式铁路起重机问世，但由于吊臂受力情况较差，其吊臂自重至少比定长臂式吊臂增加 50%，且结构复杂，不仅降低了整机的起重性能，也使整机价格偏高，因此，伸缩臂式铁路起重机的市场份额一直不大。

20 世纪 90 年代以来，铁路起重机新产品普遍提高了顺轨方向起重性能，伸缩式吊臂优越性得以发挥，其优越性主要在于全伸时吊臂较长，且吊臂于水平状态时亦可吊重作业，还具有一定的带载伸缩能力。从平面的作业区域来看，大大扩展了铁路起重机的作业范围；从空间上来看，可以方便地在低矮空间内作业，在不改变电气化线路接触网和桥梁、隧道等空间受限环境条件下，起重机仍然具有一定的起重能力。因此，在电气化线路和桥隧内作业，伸缩臂式起重机相对定长臂式起重机都有着无可比拟的优越性。同时，由于高强度结构钢和其他一些新技术的采用，伸缩式吊臂自重较大的缺点也得以改善。

1998 年以来，Kirow 公司接到的铁路起重机订单全部是伸缩臂式。国内情况也相似，自 2000 年以来，160 t 起重机的全部订单均为伸缩臂式，部分用户已要求将定长臂式起重机在大修时进行伸缩臂式改造。除特殊使用情况外，国内外市场中定长臂式起重机已无人问津，伸缩臂式铁路起重机的优越性得到了广大用户的普遍认同。

在 2008 年 2 月，原铁道部运输局下发运装机运〔2008〕82 号《关于印发〈铁路救援列车管理办法〉的通知》一文中，明确规定“各铁路局应逐步淘汰固定臂式轨道起重机，配置伸缩臂式轨道起重机”。在铁路事故救援系统中，已硬性规定推广伸缩臂式铁路起重机。

铁路起重机由传统的定长臂式吊臂发展到伸缩臂式吊臂，并得到用户的普遍认同，是铁路起重机技术发展上的一个里程碑，意义重大。

3.3.2 液压伸缩式上车尾部平衡重

为使铁路起重机具有足够的载重稳定性，往往在距离倾覆线最远的上车尾部配置一定质量的平衡重。为取得起重机不使用支腿回转时有良好的抗后倾覆稳定性，也为了回送时转向架各轴轴重分配均匀，N1601 型和 NS1602 型 160 t 起重机尾部平衡重均为可挂放式，在回送时可拆下 1 组或全部置于吊臂下方的底架端，以平衡轴重。这种方法与传统的不可拆装固定式平衡重相比有了很大进步。

20 世纪 90 年代，国内设计制造的铁路起重机除 125 t 铁路起重机外，其他新开发的铁路救援起重机基本上都采用挂放式上车尾部平衡重。但上车尾部平衡重可垂直拆装而不能水平移动，尾部半径始终是一个固定值。因此，为了平衡较大起重力矩，或增大尾部半径或增加平衡重质量。

为避免铁路起重机在回转时上车尾部和路堑边坡相碰，也为了起重机作业时，尾部不侵入邻线，保持邻线的安全畅通，用户往往对上车尾部半径提出较高的要求。鉴于用户对起重机起重性能和上车尾部半径的苛刻要求，研究开发了液压伸缩式上车尾部平衡重，如图 3-2 所示。

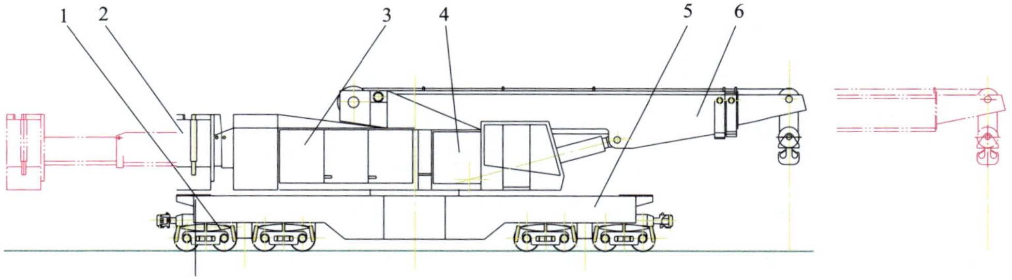

图 3-2　伸缩式平衡重及加大下车定距示意图

1—转向架；2—伸缩式平衡重；3—后转台；4—前转台；5—底架；6—伸缩式吊臂

伸缩式尾部平衡重的全缩位尾部半径应符合用户特定的使用要求，其全伸位尾部半径在起重机结构允许的条件下，应取较大值。这样，起重机既在全缩位或较小伸缩行程时，有较好的 360°全回转起重性能和抗后倾覆稳定性，又在全伸位具有强大的顺轨起重能力。

在开发伸缩式尾部平衡重的初期，仅有全缩和全伸 2 个位置可供利用。由于计算机技术的应用，伸缩式尾部平衡重有几种不同伸出位置可供计算机选择，平衡重离回转中心的距离可随载荷大小而变化，使载荷作用下的整机重心趋近回转中心，相应地减小了轮压或支腿接地压力，便于提高不使用支腿和减少支腿使用数量(如使用一侧 1 组或 2 组支腿)的起重性能，作业效率也相应提高。

一般地说，伸缩式尾部平衡重的伸缩行程以 3.5～7 m 为宜。伸缩行程过大，平衡重伸缩机构在转台中布置困难；伸缩行程过小，则增加吊重稳定力矩的效果不大。

伸缩式平衡重的出现，打破了铁路起重机诞生以来尾部半径固定不变的传统，显著地提高了起重性能和作业效率，是铁路起重机技术发展上的又一重大突破。假如说，提高铁路起重机顺轨起重性能是十余年来铁路起重机技术进步的重大特征，那么，伸缩式平衡重技术的出现起到了关键性作用。

3.3.3　伸缩式平衡重独立回转技术

为了提高起重机顺轨方向的起重性能，液压伸缩式平衡重伸缩行程以较大值为好。而所谓“顺轨方向”，一般泛指吊臂与轨道方向一致或沿轨道方向左右摆动 30°的范围内。这样就产生了一个新问题，平衡重全伸位时，尾部半径过大，即使仅顺轨方向左右摆动 30°，尾部也可能侵入邻线的限界，影响了邻线的正常运营。举例来说，KRC 1200 型起重机伸缩式平衡重的全缩位尾部半径为7 m，全伸位尾部半径为 12.6 m，当全伸位顺轨摆动 30°时，尾部最外侧处偏离本线轨道中心约 7.6 m，此值足以影响相邻的第三条线路的运营或与路堑、山区铁路边坡产生严重干涉。在很多作业环境的限制条件下，由于尾部半径过大，根本无法实现其顺轨性能及安全作业要求。

为此，研究开发了尾部伸缩式平衡重独立回转技术，使起重机在顺轨方向 ±30°范围内摆动时，尾部平衡重可以不随吊臂和前转台摆动，而保持摆动的相对独立性。顺轨作业时，不论吊臂和前转台在顺轨方向 ±30°内如何左右摆动，尾部平衡重始终能够容纳在机车车辆限界之内或不超出线间最小距离的一半。由于区间双线的线间最小距离为 4 m，多数线路的线间最小距离为 5 m 或 5 m 以上，故平衡重以不超出距轨道中心线 2～2.5 m 为宜。

目前已有 2 种平衡重独立回转技术成功地在铁路救援起重机上应用。

3.3.3.1　双回转支承技术

20 世纪 90 年代后期，研究开发了双回转支承技术，其结构如图 3-3 所示。在起重机回转中心的轴线上安装着上、下两套回转支承，即在下车与后转台之间安装有下回转支承，在前、后转台之间安装有上回转支承。前转台布置有吊臂、变幅机构、卷扬机构、吊臂伸缩机构、前转台回转机构以及司机室等机构。后转台布置有动力装置、液压装置、尾部平衡重及液压伸缩机构、后转台回转机构、油箱和机械室等部件。顺轨方向作业时，前转台可以依靠自己的回转机构在上回转支承上作顺

图 3-3　双回转支承结构

轨方向±30°范围内的摆动，而其后转台可以原位不动，继续保持顺轨方向。即使尾部平衡重伸出至极限位置，也始终容纳在铁路机车车辆限界以内，其顺轨作业时的俯视图如图 3-4 所示。后转台尾部最外侧处离本线轨道中心线的水平距离不超过 2.0～2.5 m，不影响邻线的正常运行。同时，前、后转台可以通过液压控制锁成一体，上车整体在下回转支承上进行 360°回转。

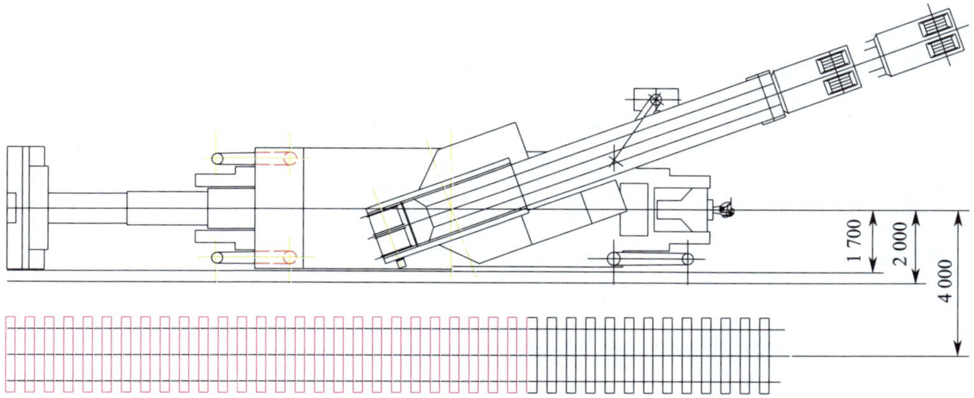

图 3-4　双回转支承伸缩式平衡重起重机顺轨作业时的俯视图(单位:mm)

3.3.3.2　旋转式平衡重方案

20 世纪 90 年代初，旋转式平衡重技术开发成功。方案的机构简图如图 3-5 所示。图 3-5 中平衡重 1 及其伸缩梁 2 可围绕转台后方中央的立轴 4 转动。起重机在顺轨方向±30°范围内摆动时，平衡重及其伸缩梁在液压缸 3 的推动下摆动，其旋转方向与上车相反，保持平衡重及其伸缩梁始终在本线轨道中心左右一定范围内摆动，其顺轨作业时的俯视图如图 3-6 所示。当上车作 360°全回转时，平衡重及其伸缩梁锁定在上车中心线上，与上车一起回转。

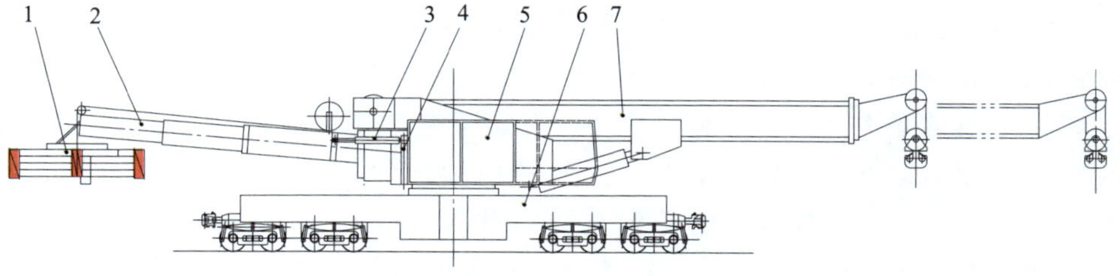

图 3-5　旋转式伸缩平衡重铁路起重机简图

1—平衡重；2—旋转式平衡重伸缩梁；3—液压缸；4—立轴；5—转台；6—下车；7—吊臂

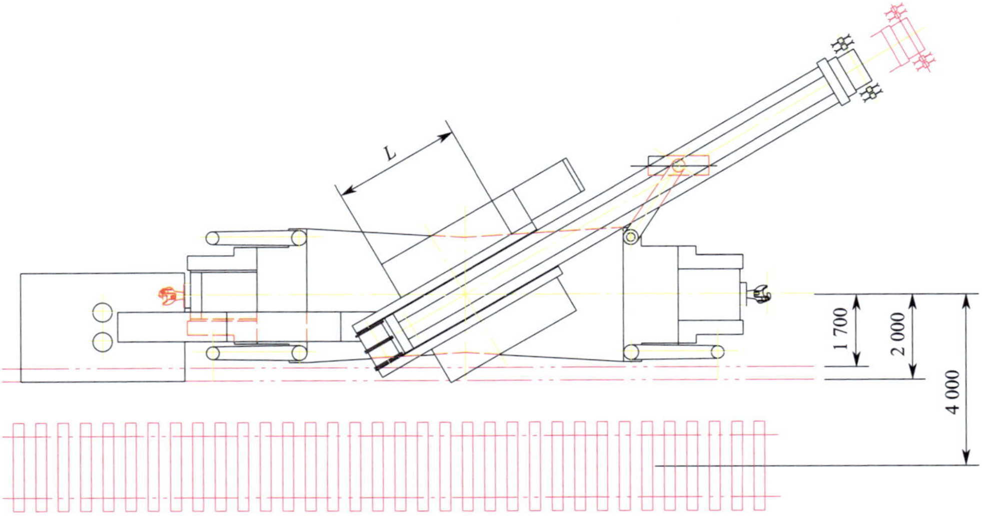

图 3-6 旋转式伸缩平衡重起重机顺轨作业俯视图(单位:mm)

上述两种伸缩式平衡重独立回转技术，都打破了臂架式起重机的上车尾部平衡重始终定位在上车中心线上的老思路，完全是根据铁路起重机的使用特点而开发的，特别是双回转支承方案，在结构合理性、使用简便性、安全和可靠性等方面技高一筹，对提高起重机性能、特别是提高顺轨方向起重性能方面有重要作用。但当起重力矩过大时，受零部件结构强度的限制，双回转支承方案往往难以实现，旋转式平衡重不失为另一种可选择的方案。

3.3.4 下车定距趋向增大

起重机不使用支腿时，起重性能的主要限制条件是车轮压向钢轨的轮压不得超过铁路部门的规定值。吊臂处于顺轨方向不使用支腿吊重作业时，为保证起重机具有足够的静载稳定性，取物装置上的外载荷与起重机自重合成的总垂直力必须落在前、后倾覆线之间。在总垂直力至回转中心的距离为定值的条件下，加大起重机下车定距(转向架中心距)，则心盘所承受的最大作用力减少，分配到受力较大的转向架的轮压也相应减少。因此，加大下车定距，顺轨不使用支腿的起重能力就得以提高。

起重机使用支腿的工况也一样，由于下车定距加大使得轮压减小，起重机在顺轨方向作业时车轮承受的外载荷份额增加，相应地减少了支腿的支承反力，使顺轨作业时减少使用支腿数量成为可能。如顺轨一侧 20°范围内作业，有可能只用同侧的前方 1 组支腿；顺轨一侧 30°范围内作业，有可能只用同侧的 1 组或 2 组支腿，而不必同时使用 4 组支腿，大大提高了作业效率。

20 世纪 90 年代以后，铁路起重机开始注意增大下车定距，图 3-2 所示是一种将下车定距扩大到最大位置的铁路起重机图例（车钩缓冲装置置于转向架一端）。

3.3.5　外轨超高自动调平装置

一般铁路起重机在曲线上不使用支腿作业时，由于外轨超高，当起重机吊重作业向曲线内侧回转时，外轨超高使取物装置和载荷向远离起重机回转中心方向偏斜，整机重心也向靠近倾覆线方向偏斜，即起重机向失稳的危险方向偏斜。为此，20 世纪 90 年代以前，起重机安全操作规程中往往规定“禁止起重机在曲线上不使用支腿作业”或“不使用支腿向曲线内侧吊重回转时，按额定起重量的 80%使用”。

即使是顺轨方向起重作业，外轨超高有可能使通过起重机重心的作用力向曲线内侧偏离轨道中心 6°左右，对起重机作业安全的影响不容忽视。因此，为了使起重机在曲线上作业的起重性能不致降低，从 20 世纪 80 年代就开始研制和装设外轨超高自动调平装置，使起重机在曲线上作业时，整机重心始终保持在轨道中心线上。即使在最大超高 160 mm 的曲线上作业，仍能 100%的按起重性能曲线上标定起重量作业。图 3-7 为设有外轨超高自动调平装置的起重机在超高 160 mm 时的状态图。

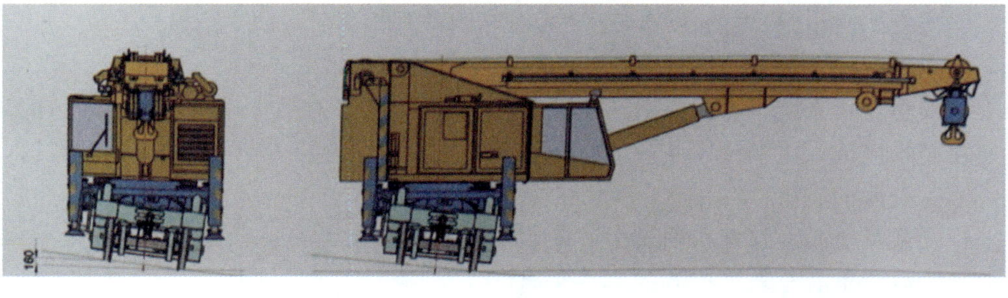

图 3-7　设有外轨超高自动调平装置的起重机在外轨超高 160 mm 时的状态

当起重机在曲线上使用支腿作业导致车轮抬离轨面时，自动找平装置能够保持各车轮踏面抬离轨面的距离均匀，复原时，车轮能够自动、准确地落在钢轨上，有效地提高作业效率。

在事故线路或临时铺设线路上作业的铁路救援起重机，以及在新铺设线路上作业的施工用铁路起重机，这一装置对保证起重机的起重性能和作业安全有着重要作用。但铁路救援起重机在曲线内侧作业时应谨慎使用，尽量选择使用支腿作业。

3.3.6 中央安全监控系统

随着铁路起重机的技术进步，其作业工况的变化因素愈来愈多。起重机的支承方式有不使用支腿、使用1组支腿、使用一侧2组支腿和使用全部4组支腿等4种；支腿间距有几种尺寸；尾部平衡重有不挂、挂1组和2组之分；又有平衡重跟随上车前转台回转和不跟随回转之分；平衡重设有几个特定的不同伸出位置。总之，可排列组合成数十种作业模式。如何选择最佳作业模式，显然已不是人力所能胜任。由于计算机技术的进步，上述因素可以由计算机来优选组合。顺应这种结构上的进步，开发了起重机计算机辅助控制系统或称中央安全监控系统。

中央安全监控系统大致可完成以下工作：

①按照作业模式序号，自动将支腿和平衡重调整至最佳位置。

②在司机室的屏幕上显示起重机目前的状态和各种操作数据。

③按预定的数据限制吊臂仰起高度及摆动角度。

④限制起重力矩，防止过载。

⑤当起重量接近、达到或超过规定数据时，向操作人员发出警示信号或限动。

⑥有自诊断分析功能，能准确判断故障，并向操作人员提示故障部位和处理方法。

⑦有实时记录功能，便于事后查找分析事故原因。

⑧配有冗余系统。

安全监控系统中有人机对话功能，操作人员可根据对吊重现场作业实际情况，向控制系统输入主要技术参数，确定最佳作业模式。需要输入以下作业条件数据：

①载荷的质量(t)。

②载荷重心至起重机回转中心的水平距离(m)。

③载荷重心至轨道中心的水平距离(m)。

④选定的吊钩滑轮组倍率(如某型施工用铁路起重机吊钩滑轮组倍率有2×1、2×2、2×4等3种。一般铁路救援起重机均为固定倍率，不需选定)。

输入后，计算机就能在屏幕上显示各种可能的操作模式代码，选定最佳支腿形式、支腿间距、平衡重形式和伸出位置的操作模式代码后、能显示一系列起重作业有关数据和空载与重载时各车轮轮压(t)或支腿支承反力(t)的计算数据。在第5章第5.9节“起重量编码模式”中有更详细的说明。

20 世纪 90 年代，国内、外铁路起重机普遍要求装设电子式力矩限制器，其功能局限于起重力矩超载的报警和限动。而安全监控系统大大扩展了计算机技术在铁路起重机上的应用，它起到协调各种结构和数据优选的作用，从而大大提高起重机起重性能，特别是顺轨方向起重性能，并确保起重机的安全使用。这是铁路起重机控制技术和安全保障技术的一大进步。

3.3.7　新型转向架

20 世纪 90 年代以来，我国铁路要求新造铁路起重机回送速度达到120 km/h，多数发达国家铁路也有同样要求。旧型转向架难以满足此要求。20 世纪 90 年代，德国研制出了小轮径、短轴距、盘形制动、1 组板弹簧承受 2 组轮对一侧的轴载荷、转向架构架一端装有车钩和缓冲装置的新型转向架，如图 3-8 所示。新型转向架性能可靠、结构简单、重心低、维护检修方便，完全满足 120 km/h 回送速度的要求，是铁路起重机专用转向架技术的创新。

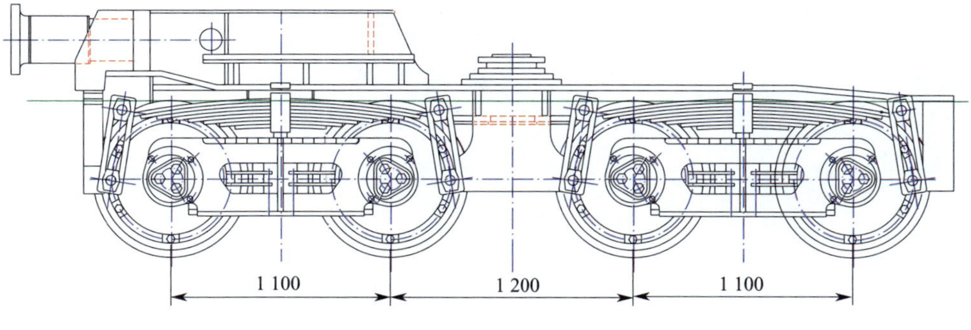

图 3-8　新型转向架(单位：mm)

3.3.8　小型铁路起重机多功能化

由于铁路起重机使用范围比较单一，为提高设备利用率和便于生产变型产品，小型机的作业装置要求尽可能地实现多功能化。德国 Gottwald 公司生产的 GS 10.05 t 型铁路起重机(图 3-9)，最大起重能力 10 t/5 m，具有伸缩式吊臂，最大有效幅度 15 m，自力走行速度 45 km/h，回送速度 100 km/h，作业时尾部半径 1.65 m，可精确并柔和地在平直线路上牵引 400～800 t，可作小型铁路牵引车使用，可方便地换装吊钩、多种抓斗、电磁吸盘等取物装置，以适应各种不同的整件状物品和散堆物料的装卸需求。还可换装高架作业平台，安全方便地将作业人员举起，以从事电气化线路电网检修和一些高空作业。小型铁路起重机多功能化是个发展方向。

图 3-9　GS 10.05 T 型多功能铁路起重机

第 4 章　我国铁路起重机的发展历程

解放前，我国不生产铁路起重机，铁路起重机的保有量和配置情况已无资料可查。可以确认的是东北地区铁路系统拥有英国造和日本造 80 t 蒸汽铁路起重机各 1 台，日本造 60 t 蒸汽铁路起重机 1 台，日本造 45 t 蒸汽铁路起重机若干台，主要供铁路事故救援用。

建国初期，我国铁路起重机中起重量大于或等于 45 t 者，除 1 台英国造 80 t 铁路起重机用于口岸站换装货物外，均主要用于机车车辆行车事故的救援，兼作桥梁架设、重大建筑构件与设备的安装以及整体货物的装卸。

起重量 20 t 及以下的小型铁路起重机，在我国使用比较广泛。成批生产的是 15 t 蒸汽铁路起重机，主要用于整体或散堆物料的装卸，也可用于建筑构件和设备的安装。

按照原铁道部对下属企业产品分工和结构调整的规划，铁路起重机全部集中在齐齐哈尔厂生产。1957 年，大连机车车辆工厂 15 t 和 45 t 两种型号的铁路起重机图样移交给齐齐哈尔厂；几年后，戚墅堰机车车辆工厂的 60 t 蒸汽铁路起重机图样也移交给齐齐哈尔厂。在以后的近 30 年中，我国的铁路起重机设计、开发、制造和修理均由齐齐哈尔厂独家承担。20 世纪 70 年代初，按原铁道部指令，在兰州机车厂和济南机车厂新建了 15 t 蒸汽铁路起重机大修的专门车间，齐齐哈尔厂除新造和承修 15 t 蒸汽铁路起重机外，仍然独家承担 45 t、60 t 蒸汽铁路起重机的新造和大修，以及其他型号铁路起重机的大修。

20 世纪 80 年代中期，由于当时铁路安全形势严峻，对铁路救援起重机的需求异常紧迫，原铁道部要求山海关桥梁厂按齐齐哈尔厂的设计图样和技术文件，新造 N1002 型 100 t 铁路救援起重机。其后不久，又指令兰州机车厂也按齐齐哈尔厂的设计图样和技术文件新造 N1002 型 100 t 铁路救援起重机，以满足铁路运输的安全保障需要。

随着计划经济的衰落和市场经济兴起，原铁道部大桥局武汉桥梁机械厂和原铁道部第二工程局成都机械厂等企业审时度势，不失时机地加入铁路起重机的新造、修理或改造市场，彻底改变了铁路起重机市场独家垄断的局面，形成各企业间的竞争格局，加快了铁路起重机产品更新换代的速度，提高了产品修造质量和服务质量。

我国铁路起重机的发展历程，大致有测绘和仿制、补课和改进、独立设计等阶段。

4.1 测绘和仿制阶段

20 世纪 50 年代国民经济恢复时期和第一个五年计划初期，全国铁路恢复和建设都迫切要求配置救援起重机和小型铁路起重机。当时，由我国和原苏联共同管理的中国长春铁路(简称中长铁路)管辖下的大连机车车辆工厂，在原苏联专家的主持下，测绘了日伪时期遗留下来的 15 t 和 45 t 蒸汽铁路起重机并进行了仿制。前者定型为 Д-2 型，后者定型为 ДG45 型(图 4-1)。其共同的特点是以蒸汽为动力，开式齿轮传动，人力杠杆操纵，主要钢结构采用铆接连接。测绘图纸均采用一图多件制，其机械制图、公差配合、型钢板材规格尺寸、齿轮参数和几何计算等均按原苏联标准执行。

图 4-1　ДG45 型 45 t 蒸汽铁路起重机

其后，戚墅堰机车车辆工厂测绘和生产了 60 t 蒸汽铁路起重机，型号定为ㄌㄎ-60 型。其结构特点同样以蒸汽为动力、开式齿轮传动、人力杠杆操纵，主要钢结构采用铆接连接。测绘图纸采用一图多件制，其外形与图 1-1 基本相同。

在我国铁路起重机制造方面，大连机车车辆工厂完成了从无到有的开创性历程，为我国填补了空白，是我国最早生产铁路起重机的厂家。它不仅生产出国家急需的铁路起重机产品，也在实践中培养了铁路起重机的专业人才。在我国铁路起重机的发展历史上，写下了浓重的一笔。

4.2　补课和改进阶段

所谓“补课”，实际上是对外来图样和技术文件的“本土化”，也可以说是在基本性能和主要结构不变的前提下，对产品图样进行适应用户使用要求和制造工厂生产技术条件的修修补补或局部改进。

4.2.1　15 t 蒸汽铁路起重机的设计补课

齐齐哈尔厂接收了大连机车车辆工厂 Д-2 型 15 t 蒸汽铁路起重机的图样和技术文件后，在大连工厂专业技术人员的帮助和指导下，毫不走样地按大连工厂提供的图纸进行了试制。

试制鉴定合格后，为便于生产和管理，随即进入了设计补课阶段。设计补课大致遵循以下原则。

(1)由一图多件改为符合国家《机械制图》标准规定的一件一图。

(2)钢结构由铆改焊，底架、回转架、司机室、机械室、吊臂、煤水箱等均由铆改焊。

(3)按照图样管理办法，采用 4 段隶属的图样编号。15 t 蒸汽铁路起重机的总图图号为 201-00-00-00。

因当时国家和铁路部门没有统一的铁路起重机型号编制规定，图纸补课后生产的铁路起重机，按总图编号称为“201 型铁路起重机”。

1958 年，考虑降低起重机自重和改善司炉工的作业条件，将锅炉中心后移 300 mm，上车的尾部半径和底架长度相应增加；还取消了风制动、手制动装置，这些结构上的简化和改进项目，一直沿袭了下来。

补课后的 201 型铁路起重机，颇受铁路内、外用户欢迎，1960 年最高年产量达到 86 台。

4.2.2　15 t 蒸汽铁路起重机配置抓斗

20 世纪 50～60 年代，铁路牵引动力的主力是蒸汽机车。随着铁路运输任务的日益繁重，机务段上煤的机械化问题十分突出。作为当时的解决措施之一，是研制以 15 t 蒸汽铁路起重机为基础，配置轻型抓斗供机务段上煤使用。

1958 年，应铁路内部急需，齐齐哈尔厂在 201 型 15 t 蒸汽铁路起重机的基础上，对其传动、操纵机构和吊臂进行了改动，设计试制了 202 型蒸汽铁路起重机，其主要特点是配置了 2.5 m^3 的轻型抓斗。当时生产了 3 台，第二年生产了 15 台。

但由于抓斗容量偏大，其抓斗升降和开闭机构又不够灵活可靠等因素，停止了生产。该型起重机或报废或进行改造，很快全部淘汰。

虽然 202 型因为技术不过关而停止生产，但验证了发展抓斗起重机解决机车上煤的思路是正确可行的。铁路运输急需抓煤用铁路起重机的新一轮研制和批量生产。

当时，引进了一套原苏联某企业设计制造的 ПК-ЦУМЗ-15 型 15 t 蒸汽铁路起重机图样，它配有 1.5 m^3 抓斗和 15 t 吊钩两种作业装置，蒸汽机动力，机械传动，各种动作均依靠摩擦离合器来实现脱开和结合，显然，其水平先进于当时我国生产的 201 型蒸汽起重机。

在抓斗起重机新一轮的设计中，认真参考和分析了引进图纸的先进合理部分，吸取其抓斗开闭和升降传动机构中带式内胀离合器和操纵机构的优点，重新对 201 型的起升传动机构和操纵机构进行了部分设计改进。吊臂部分亦参照引进图纸的结构型式重新设计。抓斗容量按计算分析，由 2.5 m^3 缩小为 1.5 m^3，采用国内生产厂家 1 m^3 履带挖掘机的抓斗图样。新抓斗起重机的总图编号为 203-00-00-00，因此，通常习惯地称呼它为 203 型抓斗吊。但实际上，该机装备有 15 t 吊钩和 1.5 m^3 抓斗 2 种作业装置，是一种吊钩、抓斗两用起重机。其正式型号为 Z151 型(图 4-2)。

图 4-2　Z151 型 15 t 抓斗、吊钩两用蒸汽铁路起重机

Z151 型在 1960 年试制成功，当年生产了 4 台。到 2001 年为止，共生产了 961

台，几乎占齐齐哈尔厂铁路起重机累计总产量的一半，是累计产量最多的铁路起重机型号，生产高峰是 1975 年，年产量达 57 台。40 年的批量生产过程中，结构上陆续有一些局部的小改进，但基本型式和结构无重大变化。

Z151 型起重机为我国铁路运输做出过重大贡献，但随着铁路牵引动力的内燃化和电气化，该机在铁路机务系统已全部退出历史舞台。

4.2.3　45 t 蒸汽铁路起重机

1958 年，齐齐哈尔厂按大连机车车辆工厂图样试生产了 2 台 45 t 蒸汽铁路起重机。从 1959 年开始，对图样进行了设计补课，补课的原则与 15 t 相同。

45 t 铁路起重机设计补课后的总图号是 204-00-00-00，故通常习惯地称它为 204 型铁路起重机。最后定型为 Z451 型，其外形可参见图 4-1。

45 t 铁路起重机设计补课后，由于起重量大，稳定性好，路内、外的需求旺盛，成为当时铁路系统救援的主型装备。但 45 t 起重机的机械传动结构比较复杂，组装修理比较困难。1963 年，着手并完成了机械传动的改进设计并试制成功，且获批准生产。

1958～1966 年间，45 t 起重机在齐齐哈尔厂连续生产了 9 年，累计产量 24 台，最高年产量达 5 台。后因 60 t 蒸汽铁路起重机在齐齐哈尔厂批量投产，Z451 型于 1967 年停产。路内的 Z451 型起重机逐步由 Z601 型更新，最终从铁路救援装备中彻底淘汰。

4.2.4　60 t 蒸汽铁路起重机

由于机车车辆的大型化，用 60 t 蒸汽铁路救援起重机代替 45 t 铁路起重机是当时我国铁路运输发展的客观需要。

戚墅堰机车车辆厂在 20 世纪 50 年代，小批量生产了一批 60 t 蒸汽铁路起重机，其全套图样于 1963 年移交齐齐哈尔厂后，该厂随即着手补课设计。补课设计原则同 15 t 起重机。根据铁路救援用户的普遍反映，吊臂长度不适应机车车辆救援需要的意见，补课时将吊臂长度由 11 m 加长至 12.474 m。补课后的总图号为 209-00-00-00，俗称 209 型铁路起重机，正式型号为 Z601 型，如图 1-1 所示。

1964 年，齐齐哈尔厂试制成功第一台 60 t 蒸汽铁路救援起重机，至 1986 年停止生产，累计生产 124 台，1980 年达到年产量 14 台的最高记录。至 20 世纪末，60 t 蒸汽铁路起重机在国家铁路机务系统已全部淘汰，在一些大型厂矿仍在使用中。

4.2.5　ПК-6 型 6 t 蒸汽铁路起重机

ПК-6 型 6 t 蒸汽铁路起重机是原苏联设计的小型铁路起重机，主要作抓煤机用，配有容量 1.5 m^3轻型抓斗，2 轴(无转向架)。该机轻小灵活，具有较高的抓煤效率。如配用吊钩作业装置，其起重量为 6 t，故俗称为“小 6 吨”。正式型号为ПК-6。

按照有关指示，由原第一机械工业部属下工厂制作的 6 台 ПК-6 型铁路起重机零部件，交原铁道部属下工厂补漏配齐，组装试验后配属路内单位使用，解决路内蒸汽机车上煤急需。工作图样和技术文件，由第一机械工业部属下工厂翻译复制，与零部件一起移交齐齐哈尔厂。这项任务由齐齐哈尔厂于 1962 年全面完成。该型起重机现早已全部淘汰。

4.2.6　Z152 型 15 t 蒸汽铁路起重机(吊钩)

Z151 型抓斗吊钩两用起重机试制成功后，需求量很大，1961 年按计划要求生产 46 台，而同期吊钩专用起重机的需求量为 39 台。由于 Z151 型的吊臂结构、起重卷筒、钢丝绳卷入方向、传动、操纵和制动等结构均有别于 201 型。为便于组织生产，按通用化的要求修改原 201 型的设计，向 Z151 型结构靠拢。1961 年，完成了以 Z151 型为基型的吊钩专用起重机设计，型号为 Z152 型。该型铁路起重机的图纸和技术文件获原铁道部批准后正式生产。

补课和改进阶段的时间跨度为 1957～1963 年，约 7 年时间。这一阶段是齐齐哈尔厂对于铁路起重机专业的学习、熟悉和夯实基础的阶段，是形成和锻炼队伍的阶段。在原有测绘和仿制的基础上，有所发展、有所前进的阶段，为日后的发展打下了基础。在这一阶段里，国内铁路起重机品种和产量已能基本满足我国国民经济发展的需求，不过，生产的全部是蒸汽铁路起重机，技术水平相对较低。

4.3　独立设计阶段

齐齐哈尔厂经历了铁路起重机设计的补课和改进阶段，终于从车辆设计和工艺人员中培养出一支熟悉和掌握铁路起重机设计与制造技术的专业队伍，从蒸汽机车修造技术工人中培养出一支铁路起重机修造技术工人队伍，组建了以蒸汽机车修造厂房和装备为基础的铁路起重机专业生产车间。各方面条件的完善和成熟，经验的积累，逐步走上独立设计的阶段。独立设计的过程是循序渐进的，起重量由小到大，动力由蒸汽到内燃，传动方式由机械到液压，国内设计制造企业从独家垄断到几家并立，较好地满足了我国铁路运输发展的需要，逐步缩小与世界先进水平差距。

所有独立设计阶段开发的新产品，均具有完全的自主知识产权。

现按设计年代的先后，择其要者，予以叙述。

4.3.1　2 t 手动铁路起重机

1962 年，在“调整、巩固、充实、提高”八字方针的指导下，为大力支援农业，解决铁路小站安全快捷装卸零散农用物资的需要，在铁路路用平车一端装设 1 台 2 t 手动铁路起重机，责成齐齐哈尔厂负责设计制造。因需求甚急，当年就完成设计并生产 2 台。

该机以 2 个劳动力为动力，只有起升机构和旋转机构，结构比较简单，但却拉开独立设计的序幕。

4.3.2　QND161 型 16 t 内燃电力铁路起重机

齐齐哈尔厂独立设计铁路起重机的目标，很自然地瞄准了当时市场急需的起重量 15 t 左右小型机，以内燃动力替代 20 世纪 30 年代水平的蒸汽动力。当时，有关的国外技术情报资料匮乏，在仅有的俄文杂志里查阅到一篇介绍 16 t 内燃电力铁路起重机新产品的文章，该机以柴油机—交流发电机为动力，由交流电动机通过齿轮箱传动，实现起升、回转、变幅和走行等动作。稍加设计变更，可以方便地变型为吊钩、抓斗两用机，并具备升级为 25 t 铁路起重机的潜力。

受上述 16 t 起重机设计思路的启发，齐齐哈尔厂着手设计符合我国国情的 16 t 内燃电力铁路起重机。该机采用国产名牌柴油机—交流发电机组为动力，其各机构的电动机和电气元件与国内生产的桥式起重机通用，大部分是成熟的国内大批量生产产品；选用与我国铁路货车通用的转向架和车钩缓冲等部件。总体布置、各种钢结构和所有专用零部件均独立设计，整机标准化和通用化程度较高。1965 年着手设计，1966 年试制成功。这是我国铁路起重机整机独立设计的处女作，是我国自力更生开发的首台内燃动力铁路起重机。该机曾返厂大修，使用情况良好。

16 t 内燃电力铁路起重机的主要技术性能为：使用支腿的起重能力 16 t/5 m，不使用支腿的起重能力 10 t/5 m；吊钩起升速度 4 m/min，抓斗起升速度 18.3 m/min，回转速度 1 r/min，变幅时间 29 s，自力走行速度 9.3 km/h，回送速度 80 km/h。

该机定为 QND161 型。样机试制成功后，因某些原因未能批量生产和继续改进完善。

4.3.3 QNY1001 型 100 t 内燃液力传动铁路救援起重机

1964 年，根据铁路运输发展和机车车辆大型化的救援要求，原铁道部要求齐齐哈尔厂研制 80～100 t 的内燃铁路起重机。经调查研究，确定以 100 t 铁路起重机为主攻目标，其设计建议书经原铁道部批准后，着手研究设计国内最大起重量级别的内燃铁路起重机。

100 t 铁路起重机主要用途是机车车辆脱轨和颠覆事故的救援。当时，技术情报闭塞而又无可供借鉴或参考的样机，只有一条路，通过深入实际、调查研究，走独立创新的道路。

经过对国内使用单位和相关企业的广泛调查，最后确定采用内燃—液力传动模式，动力装置为 2 台规格相同的 135 系列柴油机，安装与柴油机性能相匹配的单级轴流式液力变矩器，双机可以并联使用，也可以单机使用；采用齿轮减速箱闭式传动和风控的操纵系统；配置了国产铁路起重机吊臂长度之最的 15 m 吊臂；参考内燃机车转向架的模式设计了起重机专用的 3E 轴转向架，该转向架采用短轴距、轴箱弹簧、旁承承载，焊接构架等新结构，使回送速度从 60 t 起重机的 50 km/h 提高到 80 km/h；还第一次为起重机配套设计了带宿营室的吊臂平车，改善了起重机司乘人员的工作和生活条件。

QNY1001 型铁路起重机设 100 t 主钩和 25 t 副钩，其主要技术性能为：起重性能，使用支腿：主钩 100 t/5.0 m，副钩 25 t/6.5 m；不使用支腿 15 t/6.5 m，最大起重力矩 500 t · m；起升速度：主钩 2.77 m/min，副钩 9.33 m/min；回转速度 1.5 r/min，变幅时间 240 s，自力走行速度 50 km/h，回送速度 80 km/h。

在技术性能方面的最大特色是自力走行速度 50 km/h，超过 60 t 和 45 t 蒸汽起重机走行速度 5 倍以上，当时，在国际上亦绝无仅有。

由于在设计试制过程中受到干扰，设计和试制周期长达 6 年，到 1970 年才完成各项试验，交验出厂。配属单位是成都铁路局西昌机务段。在成都铁路局一次整列石砟车溜坡与停站待发货物列车相撞的特大事故救援实践中，该起重机的救援起重能力和作业效率，受到铁路内、外的普遍好评。

刚刚从补课和改进阶段走过来的设计队伍，毕竟还比较年轻并缺乏经验，样机在运用考验中暴露了若干重大的设计缺陷，首先是走行机构的结构型式不适应高指标的自力走行速度，导致出厂后，走行机械传动系统故障不断，不久即丧失自力走行能力；其次是由于采用了当时唯一能够借鉴的国外标准，一些专用零部件不得不设计得体积庞大，使机械室内布置得太挤太满，维护保养和检修人员难以接近。该起重机经过一次提前大修，由于多方面的原因，在第二次大修时报废。

虽然如此，但它毕竟填补了我国大型铁路救援起重机的空白，在技术上创立了多项国内第一：第一台自行设计制造的 100 t 级的内燃动力、液力传动铁路起重机；第一台采用相同功率的双发动机模式，提高了救援起重机的可靠性，这一模式在世界范围内也是独一无二的。等功率双发动机模式至今深受国内铁路救援用户的青睐，已在救援用铁路起重机中得到推广；第一台装用自行设计的起重机专用转向架，第一次在起重机转向架上采用旁承承载、圆柱螺旋式轴箱弹簧、轴箱均载液压缸、滚动轴承等新技术，该转向架的结构形式至今仍为齐齐哈尔厂生产的起重机专用 3E 和 4E 轴转向架的基本型；第一次设计全闭式齿轮传动和整机的滚动轴承化。第一次设计了带宿营室的吊臂平车。

该机定为 QNY1001 型。由于整机性能符合国情路情，技术上具有独创性，在救援实践中效果突出，在 1978 年召开的原铁道部科技大会和黑龙江省科学大会上分别授予优秀科技成果奖。这是铁路起重机产品首次获部、省级的表彰和奖励。

4.3.4　N1002 型/ N1002A 型内燃液力起重机

QNY1001 型 100 t 铁路起重机在 1970 年出厂后没能继续改进和小批试生产。1976 年，研制 100 t 铁路起重机的课题又一次提上议事日程。

如前所述，QNY1001 型 100 t 铁路起重机是 1964 年起重机设计队伍刚刚从补课和改进阶段转入整机独立设计阶段的重大产品。这支队伍不论从技术上还是从经验上都相对不足，在某些技术领域甚至可以说相当不了解，且当时国内配套水平低下，包括液压泵、液压缸、甚至密封圈等基础件都要主机厂自行研制配套，因此，存在若干重大的设计和制造质量问题是难以避免的。事隔 12 年后，人员的技术水平和国内配套水平都有了进步，在原铁道部的指令下，齐齐哈尔厂开始了第二轮设计。

第二轮设计继承了第一轮设计的特点和优点，多数性能指标保持不变或变化不大，比较成熟的结构和部件也得到继续应用。原来的传动系统和液压系统基本上重新设计。整机的技术水平有了较大的提高。

第二轮设计的样机于 1977 年试制成功，配属哈尔滨救援列车。1980 年通过技术鉴定。1981 年获原铁道部科技进步三等奖。

N1002 型的主要技术性能：起重性能，使用支腿，主钩 100 t/5.2 m，副钩 32 t/10 m，不使用支腿，15 t/6.5 m，最大起重力矩 520 t · m；起升速度，主钩 2 m/min，副钩 9 m/min；回转速度 1 r/min，变幅时间 2 min，自力走行速度 30 km/h，回送速度 80 km/h。

该机的型号是 N1002 型(图 1-2)，截止 2000 年 7 月底，齐齐哈尔厂累计生产 48 台，兰州机车厂和山海关桥梁厂亦按相同图样各生产几十台。

通过长期使用实践，用户普遍反映 N1002 型的主钩起升速度偏慢，严重影响救援效率。齐齐哈尔厂根据用户反映和铁路起重机技术进步的新成果，于 1998 年对 N1002 型进行不作重大结构变动但便于结合大修改造的设计改进。改进的重点是提高主钩起升速度、增加顺轨方向起重性能和克服一些主要零部件的惯性质量问题（如操纵不灵、故障频出的拉线式油门操纵装置和中心回转接头等）。1998 年试制完成后，定型为 N1002A 型，曾先后生产 5 台。

N1002A 型的主要技术性能与 N1002 型基本相同，但在起重性能方面，增加使用支腿顺轨±25°范围摆动的性能，主钩 100 t/6.5 m，副钩 32 t/11 m，最大起重力矩 650 t·m，比 N1002 型有所提高；起升速度，主钩 3 m/min，提高 50%；惯性质量问题得到妥善解决。

1991 年，山海关桥梁厂和西南交通大学联合研制了一台 N1003 型100 t 起重机，该机为内燃液压驱动，主要机构采用液压传动。主要性能参数和结构数据详见附录。

按 2005 年 3 月统计，配属于国有铁路救援列车的 N1002 型铁路起重机共 86 台，在 20 世纪 80～90 年代的大部分时间里，N1002 型是铁路救援起重机中的主力军。进入 20 世纪 90 年代，N1002 型/N1002A 型的起重性能不能满足铁路运输的需要，在 2008 年颁布的《铁路救援列车管理办法》中，该机型已包含在“应逐步淘汰固定臂式轨道起重机”的范围内。

4.3.5 100 t 伸缩臂式铁路起重机

随着修理铁路起重机生产经验的积累和专业技术人员的成长，兰州机车厂在大专院校和兄弟工厂的支援下，也进入了独立设计阶段。

1993 年，按照市场的需求，兰州机车厂与西南交通大学联合开发成功 NS1001 型内燃液压伸缩臂式铁路救援起重机，如图 4-3 所示。

图 4-3 NS1001 型全液压铁路起重机

NS1001 型起重机的主要技术性能：使用支腿，360°回转、挂平衡重的起重能力为 100 t/6.5 m，顺轨 ±30°范围内摆动为 70 t/10 m；不使用支腿，顺轨自力行走可吊重 32 t/6 m，最大起重力矩 700 t·m，为 N1002 型定长臂式铁路起重机最大起重力矩的 1.35 倍。重载起升速度 3 m/min，空载 11 m/min，回转速度 1 r/min，变幅时间 64 s，吊臂伸出时间 50 s，自力行走速度 18 km/h，回送速度 80 km/h。该机的主要性能参数和结构数据详见附录。

NS1001 型起重机为内燃全液压驱动。伸缩式吊臂铁路起重机的研制成功，在国内铁路起重机发展过程中具有开创性意义。

1993 年 7 月，该机通过原中国铁路机车车辆工业总公司的技术成果鉴定。先后获得原铁道部科学技术进步一等奖和国家科技进步三等奖。

样机的动力装置为一台主柴油机和一台辅助柴油机，随着"等功率双发"方案的推广，该机也增补了"双发"方案。

4.3.6　160 t 定长臂式铁路救援起重机

由于铁路牵引动力的内燃化、电气化，部分内燃机车和电力机车的整备质量提高到 138 t，60 t 通用型货车（载重加自重为 84 t）在线路上占多数，起重量 100 t 的铁路起重机已不能很好地满足争分夺秒的铁路机车车辆行车事故救援要求。20 世纪 80 年代初，齐齐哈尔厂研制 160 t 铁路救援起重机。

工厂经过调查研究，确定为定长臂式吊臂，主、副钩配置，主钩起重量为 160 t，全液压传动，并初步拟定了技术性能参数。后因种种原因，研制工作停顿了下来。

20 世纪 80 年代中期，国内铁路起重机生产企业由计划经济时期的齐齐哈尔厂一统天下的局面，转化为市场经济，出现了群雄迭起、相互竞争的局面。也在这一时期，某铁路局利用自有资金、另有 2 个铁路局利用国际银行贷款，先后发布 160 t 内燃铁路起重机招标公告。英国、联邦德国、民主德国和芬兰的铁路起重机制造厂商为争取竞标的有利地位，纷纷来华进行技术交流、寻找投标的合作伙伴。技术交流使我国技术人员眼界大开，思路放活。市场竞争使各企业在设计试制进度上和产品质量上不敢稍有懈怠。1990 年，武汉桥梁机械厂和齐齐哈尔厂分别设计和试制出各具自己特点的 160 t 全液压定长臂式铁路起重机。前者定型为 N1602 型（图 1-3），后者定型为 N1601 型（图 4-4），两者具有基本相同的、符合招标技术规格的技术性能，先后通过原铁道部技术成果鉴定。N1601 型获 1992 年原铁道部科学技术进步二等奖，N1602 型获 1991 年国家科技进步二等奖。

N1602 型与 N1601 型铁路起重机的最大起重力矩高达 1 600 t·m，当时在国际上亦属罕见。这两种型号的起重机，其主要技术参数基本相同或接近。现将

N1601 型的主要技术性能简述如下：起重性能方面，使用支腿和可卸平衡重、360°回转为 160 t/6.5 m，顺轨方向±30°范围内摆动为 160 t/8 m 和 84 t/14.7 m，顺轨方向±10°范围内摆动为 160 t/10 m；工作速度，160 t 主钩起升速度为 3 m/min，50 t 副钩为 12 m/min，回转速度 1 r/min，变幅时间 2.5 min，自力行走速度 12 km/h，回送速度 85 km/h。此两种起重机的主要性能参数和结构数据详见附录。

图 4-4　N1601 型全液压铁路救援起重机

N1602 型与 N1601 型铁路救援起重机在国内生产的铁路起重机上第一次成功实现全液压传动，是国内铁路起重机设计制造技术上的一大跨越。

在新技术、新材料、结构的研制和应用方面也有所创新。以 N1601 型为例，第一次在吊臂（长 17 m）结构上采用了国产 $\sigma_b \geqslant 685$ MPa（70 kgf/mm^2）级的高强度结构钢；第一次设计出自动折叠式高架人字架，使起重机具有全额带载变幅能力；第一次设计出回送状态下吊臂通过曲线的新型跨装结构；第一次设计制造符合美国铁道协会（AAR）有关标准 $\sigma_b \geqslant 800$ MPa 的 E 级铸钢（高强度铸钢）支腿体；第一次设计出旁承承载的 4E 轴转向架；第一次设计出独立的、弹性支承的密闭司机室；第一次设计出螺栓连接、便于拆卸的支撑液压缸；第一次设计出可拆装平衡重及其自动液压挂放机构；第一次设计和制造了与货车 13 号车钩钩头轮廓完全一致的起重机专用车钩；第一次设计和试制成功 $\sigma_b \geqslant 350$ MPa 高强度铝合金的支腿支座。为了新结构、新材料在特大型起重机上安全可靠的应用，进行了 11 项设计前的预试验，有些还设计制造了专用试验台，在技术进步上迈出可喜的、踏实的一大步。

N1602 型与 N1601 型铁路救援起重机在出厂时均配套提供吊臂平车一辆。

160 t 定长臂式铁路救援起重机的起重救援能力，深受用户欢迎，特别是在本线上能够吊起顺轨停放的满载 60 t 全钢棚车，实现了广大救援人员长期以来梦寐以求的起重性能,大大提高了救援效率,缩短了开通线路的时间。

虽然,N1602 型与 N1601 型铁路救援起重机的优点很多,但毕竟有其技术发展历史的局限性,与伸缩式吊臂铁路起重机的众多特点相比较,后者对铁路救援更为相宜。铁科技〔2011〕45 号《关于公布铁道部淘汰产品目录(2011 年)的通知书》文件中,规定 N1601/2 型铁路起重机为停产产品。

4.3.7　160 t 伸缩臂式铁路起重机

1992 年 6 月,齐齐哈尔厂着手研发 160 t 伸缩臂式铁路救援起重机。1994 年完成工作图设计。1997 年落实了首台样机的用户后,加快了设计试制进度。

160 t 伸缩臂式铁路救援起重机在设计原则上要与定长臂式铁路救援起重机部件尽量通用,特别是下车零部件。研制中的关键技术集中在上车,最大的难题是起重力矩高达 1 440 t·m 的伸缩式吊臂,这一力矩值几乎相当于 500 t 汽车吊的起重力矩,也是国内首台伸缩式吊臂的 NS1001 型起重力矩的 2.06 倍,吊臂全伸长度达 27.5 m,如此重型的伸缩式吊臂在国内尚无设计制造先例。经与国内知名汽车起重机厂联合攻关,终于取得突破。

为适应电气化线路接触网下和桥隧内等有限空间的救援需要,我国技术人员创造性地在吊臂前端设计了臂端钩(俗称羊角钩),并创造性的设计出新的吊臂头部形状,配合臂端钩和超短型吊钩滑轮组,有效地提高了接触网下起重作业净空;在对四轴转向架进行设计改进并采取措施降低整机重心后,在铁路起重机上首次成功地将回送速度提高到 120 km/h。

后期,武汉桥梁机械厂联合西南交通大学也进行设计试制,它与齐齐哈尔厂在同一时期内分别试制成功具有各自特点的 160 t 伸缩臂式铁路救援起重机。

齐齐哈尔厂试制成功的 160 t 伸缩臂式铁路救援起重机,定型为 NS1601 型(图 2-4)。武汉桥梁机械厂试制成功的 160 t 伸缩臂式铁路起重机,定型为 NS1602 型,如图 4-5 所示。NS1601 型于 2000 年 5 月通过上级主管部门技术成果鉴定,2004 年获原铁道部科技进步二等奖。

在出厂时,以上机型均配套提供吊臂平车一辆。

NS1601 型与 NS1602 型 160 t 铁路救援起重机的主要技术性能基本相同或接近,以 NS1601 型为例,其主要技术性能为:当使用支腿,挂平衡重,360°回转,其起重能力为 160 t/6.5 m,顺轨方向±10°摆动时为 160 t/9 m,顺轨方向±30°摆动时为 160 t/8 m、84 t/14.7 m 或 55 t/20 m,最大起重力矩 1 440 t·m;重载起升速度 3.5 m/min,空载 12 m/min,回转速度 1 r/min,变幅时间 120 s,吊臂全伸时间 78 s,自力走行速度 15 km/h,回送速度 120 km/h。此两种起重机的主要性能参数

图 4-5 NS1602 型全液压铁路救援起重机

和结构数据详见附录。

为满足不同用户的需求，以 160 t 伸缩臂式铁路救援起重机样机为基础，陆续开发出多种变型产品。在动力配置方面，样机均按照国际流行的配置方案，设一台主柴油机和一台小型的紧急备用柴油机（或名辅助柴油机），在主动力系统失效时，利用备用机使起重机低速地恢复到回送状态，简称为“一主一辅”方案；但按照我国铁路运输的特点，用户普遍要求仿照 N1002 型 100 t 铁路起重机的等功率双柴油机方案，即每台起重机配置两台相同功率的柴油机，可以一台作业一台备用，也可以两台并联作业，提高工作速度一倍，简称为“等功率双发” 方案；齐齐哈尔厂在 NS1601 型起重机试制样机的基础上，第一次将“等功率双发”方案应用到特大型起重机上。在“等功率双发”方案的基础上，又开发了全部是水冷柴油机和全部是风冷柴油机的动力配置方案；在吊臂方案上，有一节基本臂、二节伸缩臂方案和基本臂、伸缩臂各一节的方案，组合成不同的吊臂长度。

NS1602 型铁路救援起重机的动力配置和吊臂长度等方面也做了满足用户不同需求的变型设计。

NS1601 型 160 t 伸缩臂式铁路救援起重机研制成功后，在液压、电气和涂装等方面从设计到工艺都进行了升级，提高了性能和质量，缩小了我国铁路救援起重机与世界先进水平的差距，基本满足了铁路救援的急需。

4.3.8 125 t 伸缩臂式铁路救援起重机

100 t 和 160 t 液压伸缩臂式铁路救援起重机研制成功后，在我国铁路救援起重机起重量系列型谱中，急需有一种起重量 100 t 和 160 t 之间的铁路救援起重机，以更好地满足用户的不同需求，125 t 铁路救援起重机应运而生。

1999 年，郑州铁路局就两台 125 t 伸缩臂式铁路救援起重机项目进行招标，兰州机车厂和齐齐哈尔厂各获一台合同。

兰州机车厂研制的 125 t 铁路救援起重机定型为 N1252 型，如图 4-6 所示。其主要技术性能为：当使用支腿、360°回转、尾部半径 5.5 m 时，起重能力为 125 t/6 m；使用支腿、顺轨±30°范围内摆动、尾部半径 5.5 m，起重能力为 125 t/7 m，最大起重力矩 875 t · m。该机的主要性能参数和结构数据详见附录。

图 4-6　NS1252 型全液压铁路起重机

齐齐哈尔厂研制的 125 t 铁路起重机定型为 N1251C 型，如图 2-3 所示。其主要技术性能为：当使用支腿、360°回转，起重能力为 125 t/5.5 m；使用支腿、顺轨±30°范围内摆动，起重能力为 125 t/8 m，最大起重力矩 1 000 t · m。该机的主要性能参数和结构数据详见附录。

以上型号的 125 t 铁路救援起重机最大构造特征是在我国第一次试用了伸缩式平衡重，N1252 型的上车尾部平衡重伸缩行程为 1 m，可使尾部半径在 4.5～5.5 m 范围内变化；N1251 型的上车尾部平衡重伸缩行程为 0.8 m，可使尾部半径在 4.2～5.0 m 范围内变化；其改进型 N1251C 型的上车尾部平衡重伸缩行程增加至 1.6 m，可使尾部半径在 4.2～5.8 m 范围内变化。以上机型在尾部平衡重伸缩技术上作了有益的尝试，为日后设计伸缩行程更大、更合理的伸缩式平衡重积累了经验。

N1252 型与 N1251C 型 125 t 铁路救援起重机在动力装置方面，均可提供一主一辅和等功率双发方案。出厂时均可配套提供吊臂平车。

2008 年，武桥桥机厂研制成功 NS1253 型 125 t 全液压伸缩臂式铁路救援起重机，其主要技术性能为：使用支腿、360°回转，起重能力为 125 t/5.7 m；使用支腿、顺轨±30°范围内摆动、起重能力为 125 t/7 m，使用支腿、顺轨±10°范围内摆动、起重能力为 125 t/8 m，最大起重力矩 1 000 t · m。与前两种型号相似，亦配置伸缩式平衡重，伸缩行程 1.6 m。该机的主要性能参数和结构数据详见附录。

125 t 铁路起重机的起重能力不能适用于机车车辆日益大型化的救援需要，特别是主要铁路枢纽的救援。铁科技〔2011〕45 号《关于公布铁道部淘汰产品目录(2011 年)的通知书》文件中，规定 N1251/2/3 型铁路起重机为停产产品。但它在大型厂矿仍有一定市场。

4.3.9 其他铁路起重机产品

为满足各类用户的不同需要，主要由齐齐哈尔厂和兰州机车厂开发了以下品种的铁路起重机。

4.3.9.1 NZS0631 型 63 t 伸缩臂式米轨铁路起重机

NZS0631 型 63 t 铁路起重机由齐齐哈尔厂于 1996 年开发成功，供昆明铁路局米轨线路救援用。主要起重性能为：使用支腿、360°回转的起重能力为 63 t/5.2 m，顺轨±25°范围内摆动的起重能力为 63 t/7.0 m，最大起重力矩为 441 t·m。该机的主要性能参数和结构数据详见附录。

4.3.9.2 NS0631 型 63 t 伸缩臂式铁路起重机

NS0631 型 63 t 铁路起重机由齐齐哈尔厂于 1999 年开发成功，主要供大型厂矿内部铁路事故救援和装卸大型整体货物用，也可作为建筑构件或设备安装用。其主要起重性能为：使用支腿，360°回转的起重能力为 63 t/5.2 m；顺轨±25°范围内摆动的起重能力为 63 t/7 m，最大起重力矩 441 t·m。不使用支腿，360°回转的起重能力为 8.5 t/7 m。该机的主要性能参数和结构数据详见附录。

4.3.9.3 NS0201A 型 20 t 伸缩臂式铁路起重机

NS0201A 型 20 t 铁路起重机由齐齐哈尔厂于 2003 年开发成功，主要用于电气化线路电杆的架设、线路抢修、钢轨枕木的更换，并可用于铁路沿线设备安装，整体货物和散堆物料的装卸、整体钢锭和钢屑等散料的吊运，是一种多用途的小型铁路起重机，可以作为 15 t 蒸汽或其内燃化改造铁路起重机的更新换代产品。按原设计，其取物装置除吊钩外，可按用户需要提供 1.5 m^3 轻型抓斗和 800kg 电磁吸盘。其主要起重性能为：使用支腿、360°回转的起重能力为 20 t/4.7 m，顺轨±30°范围内摆动的起重能力为 20 t/6.9 m，最大起重力矩为 138 t·m；不使用支腿、360°回转的起重能力为 10.7 t/3 m，顺轨±30°范围内摆动的起重能力为 20 t/4 m。该机的主要性能参数和结构数据详见附录。

4.3.9.4 NS0201 型 20 t 伸缩臂式铁路起重机

NS0201 型 20 t 铁路起重机于 2003 年由兰州机车厂开发（此型号与齐齐哈尔厂开发的 20 t 起重机相同，但是完全不同的两种机型），可用于电气化线路电杆的架设和铺设 12.5 m 轨排等铁路特种作业，并可广泛应用于铁路站场、港口码头和大中型厂矿企业作为 15 t 蒸汽(或其内燃化改造)铁路起重机的更新换代产品。其主要起重性能为:使用支腿 360°回转的起重能力为 20 t/6.0 m,顺轨±30°的起范围内摆动的起重能力为 20 t/7.0 m,最大起重力矩为 140 t·m;不使用支腿,顺轨±10°范围内摆动的起重能力为 8 t/8 m。该机的主要性能参数和结构数据详见附录。

4.3.9.5 NS0321/NS0321A 型 32 t 伸缩臂式铁路起重机

NS0321/NS0321A 型 32 t 铁路起重机由齐齐哈尔厂分别于 2005 年、2007 年开发成功,供厂矿装卸整体货物、建筑构件与设备安装用。它的开发成功填补了我国铁路起重机从 20 t 到 63 t 起重量间的型谱空白。主要起重性能为:使用支腿、360°回转的起重能力为 32 t/6.5 m,顺轨±30°范围内摆动的起重能力为 32 t/7 m,最大起重力矩 224 t·m。该机的主要性能参数和结构数据详见附录。

4.3.9.6 NS0632 型 63 t 伸缩臂式铁路起重机

NS0632 型 63 t 起重机由兰州机车厂于 2002 年开发成功,可用于铁路站场、港口码头和大型厂矿企业的货物装卸、设备和建筑构件的安装,亦可用于铁路车辆的颠覆或脱轨事故的救援作业。其主要起重性能为:使用支腿、360°回转的起重能力为 63 t/6.0 m,最大起重力矩 378 t·m。该机的主要性能参数和结构数据详见附录。

4.3.9.7 NZS1002 型 100 t 内燃全液压伸缩臂式铁路起重机

中铁山桥集团于 2002 年按合同向我国台湾铁路管理局提供一台 NZS1002 型 100 t 内燃全液压伸缩臂式铁路起重机,轨距 1 067 mm。其主要起重性能为:使用支腿、360°全回转的起重能力为 100 t/6.5 m,顺轨±25°范围内摆动的起重能力为 70 t/10 m,最大起重力矩 700 t·m。该机的主要性能参数和结构数据详见附录。

4.3.10 出口产品

早在设计补课和改进阶段,齐齐哈尔厂就向越南和阿尔巴尼亚等国家提供过 15 t 和 60 t 蒸汽铁路起重机,援越起重机轨距为 1 435 mm,援阿起重机轨距为 1 438 mm,轨距基本相同,机车车辆限界亦无变动,出口产品基本上是国内成批生产的铁路起重机机型,无重大设计变更。

齐齐哈尔厂在 1975~1976 年向坦赞铁路提供了 3 台 QNY602 型 60 t 内燃液力定长臂式铁路起重机,轨距 1 067 mm。其主要起重性能为:使用支腿,主钩起重能力为 60 t/5.2 m、副钩为 15 t/6.25 m,最大起重力矩 312 t·m;主钩起升速度 4.5 m/min,副钩 17 m/min;回转速度 1.5 r/min,变幅时间 120 s,自力走行速度 8 km/h,回送速度 60 km/h。

改革开放以来，国际交往增多，铁路起重机出口亦相应增多，列举如下。

4.3.10.1　N603 型与 N604 型 60 t 内燃液压定长臂式铁路起重机

齐齐哈尔厂于 1997 年和 2010 年先后向缅甸出口 N603 型 60 t 内燃液压定长臂式铁路起重机 3 台，轨距 1 000 mm。其主要起重性能为：使用支腿，360°回转的起重能力为 60 t/5.2 m；顺轨±20°范围内摆动的起重能力为 60 t/7 m，最大起重力矩 420 t·m；1998 年，向尼日利亚出口 N604 型 60 t 内燃液压定长臂式铁路起重机 2 台，轨距 1 067 mm。N603 型与 N604 型的主要起重性能完全相同。N603 型与 N604 型起重机的主要性能参数和结构数据详见附录。

4.3.10.2　RC-N1005-TZR 型 100 t 内燃全液压伸缩臂式铁路起重机

兰州机车厂于 1997 年向坦赞铁路出口了 RC-N1005-TZR 型 100 t 内燃全液压伸缩臂式铁路起重机一台，轨距 1 067 mm。其主要起重性能为：使用支腿、360°全回转 100 t/6 m，副钩为 15 t/7 m，顺轨±20°范围内摆动的起重能力为 100 t/7 m，最大起重力矩 700 t·m。该机的主要性能参数和结构数据详见附录。

4.3.10.3　TRC-N1005-TZR 型 100 t 内燃全液压伸缩臂式铁路起重机

武桥重工在 2001 年向坦赞铁路出口了 TRC-N1005-TZR 型 100 t 内燃全液压伸缩臂式铁路起重机一台。该机的主要性能参数和结构数据详见附录。

4.3.10.4　BT8.3 型 8 t 内燃全液压伸缩臂式铁路起重机

兰州机车厂在 1997 年还向巴基斯坦出口 BT8.3 型 8 t 内燃全液压伸缩臂式铁路起重机一台，轨距 1 676 mm。其主要起重性能为：360°全回转的起重能力 8 t/3 m。该机的主要性能参数和结构数据详见附录。

4.3.10.5　出口合同

武桥重工在 2012 年签定了两台出口坦赞铁路的 130 t 铁路起重机合同。

齐齐哈尔轨道装备公司在 2013 年签定了一台出口巴西的 80 t 铁路起重机合同。

从上述出口记录可以看出，我国的铁路起重机制造企业已经能够按国外用户的不同要求，完成不同轨距、限界、车钩缓冲、制动装置等个性设计，能够设计生产符合国际潮流的内燃液压起重机，能够设计生产各种长度的定长式吊臂和伸缩式吊臂，初步具备参与国际竞争的能力。但出口对象国主要是发展中国家，与国际知名的铁路起重机生产厂家的水平和竞争力仍有差距。

4.3.11　定长臂式铁路救援起重机的伸缩臂改造

随着伸缩臂式铁路救援起重机的优越性在铁路救援实践中不断地得到验证，部分铁路局要求将所管辖的 N1002 型 100 t 内燃液力铁路救援起重机结合大修进行全液压、伸缩臂和回送提速改造;也有的铁路局要求对 N1601/N1602 型 160 t 定长臂式铁路救援起重机进行伸缩式和回送提速改造。国内各铁路起重机制造和修理企业,纷纷推出各自的改造设计方案,以争取大修及改造的定单。

各种改造方案的原机旧零部件利用率参差不齐,但普遍不高,费用约为新置起重机的 2/3 左右。

在国外,也曾有过对民主德国生产的内燃电力定长臂式铁路起重机进行全液压和伸缩臂式改造的实践,但改造不具备经济性。在完成德国国家铁路的一台起重机改造后,已承接不到新的改造合同。

独立设计阶段始于 1962 年,从设计制造 2 t 手动铁路起重机起步到多种伸缩式吊臂起重机的开发成功,缩小了与世界铁路起重机技术水平的差距,较好地满足了国民经济发展和铁路运输发展的需要。

4.4　进口铁路起重机

4.4.1　EDK 100 型 100 t 铁路起重机

20 世纪 50 年代,为提高主要铁路枢纽的救援能力,我国从 TAKRAF 集团属下的 S. M. Kirow Leipzig 工厂进口了 3 台 EDK 100 型 100 t 铁路救援起重机(图 3-1),配属于丰台、沈阳和郑州等三地作为铁路救援起重机用。当时,国内使用的最大救援用铁路起重机为技术陈旧的蒸汽 60 t 和 80 t 各一台,均配属于东北地区。EDK 100 型 100 t 铁路救援起重机是该企业自 1945 年生产铁路起重机以来的第一代产品。整机由起重机主机、平衡重平车和吊臂平车组成。配置 100 t 主钩和 25 t 副钩,桁架式吊臂长达 25 m。采用两组三轴转向架。整机为内燃电力传动,动力装置为两台 380 V/50 Hz 的 75 kW 柴油发电机组,驱动各作业机构的交流电动机,然后通过闭式齿轮减速器实现各种动作。除自力走行需要同时开动两台发电机组供电外,其他动作使用 1 台发电机组即可达到额定速度。

由于该机进口年代较早,在路内救援部门使用时间较短,目前已难以寻觅其档案资料,完整的技术数据已无可查考。其主钩起升速度为 2 m/min,自力走行速度为 6 km/h,额定工作速度除回送速度高达 100 km/h 外,其他速度均较缓慢。

该机制造质量、可靠性和耐用性均较好。在当时我国被西方国家封锁的环境下,引进这一机型起到一定的借鉴作用,如设置两套动力装置和长大吊臂过曲线的装置等，均对日后救援起重机的设计有所启示。该机的性能指标不是按我国铁路事故救援的要求设计的，到达事故现场后，要现场挂配两块立式平衡重，扬起 25 m 的吊臂并缓慢落钩，甩开前后的附属车辆和支腿作业等，作业准备时间往往超过 2 h，无法适应我国的铁路事故救援工作。另外，卷筒按钢丝绳一层缠绕设计，以主钩卷筒为例，其直径达 1 100 mm，致使其传动机构体积过于庞大，机械室内无插足之地，维修保养困难，也是其重要缺陷。该起重机使用一段时间后，先后退出救援队伍，转让给路内装卸单位或路外大型厂矿。

4.4.2 EDK 300 型 60 t 铁路起重机

1979 年，从 Takraf 属下的 S. M. Kirow Leipzig 工厂引进 EDK 300 型 60 t 铁路起重机 10 台（图 4-7），供铁路事故救援和装卸用。

图 4-7 EDK 300 型 60 t 铁路起重机

该机为 S. M. Kirow Leipzig 工厂的第二代铁路起重机产品，累计生产数量高达 875 台，其中提供给原苏联国有铁路和工矿企业的计 767 台，其他国家 90 台，两者合计占该产品总产量的 98.4%，是当时 S. M. Kirow Leipzig 工厂铁路起重机的支柱产品。该机进口后，原铁道部在石家庄、贵阳、丰润等地配属救援列车。因起重量太小，难以适应救援需要，先后从救援队伍中淘汰出局。

与第 4.1 节所述的 100 t 铁路救援起重机一样，该机亦为内燃电力传动的结构型式，配置三相交流 380 V/50 Hz，75 kW 的柴油发电机组一套，向各作业机构的独立交流电动机供电。两组两轴转向架；桁架式吊臂，臂长约 15 m，以钢管为主弦杆；起重机下车长 11 240 mm，上车尾部半径 4 800 mm；4 组旋出式支腿，其横向间距有 5.3 m 和 3.9 m 两种。

起重性能：使用横向间距为 5.3 m 的 4 组支腿时，其额定起重量 60 t/5.5 m，可 360°回转，最大起重力矩为 330 t·m；使用横向间距为 3.9 m 的 4 组支腿时，起重量为 40 t/5.5 m，可 360°回转；不使用支腿，顺轨±15°范围内摆动，起重量 40 t/5.5 m；不使用支腿，起重量为 17 t/5.5 m，可 360°回转，亦可吊起 25 t/5.5 m 顺轨±30°范围内摆动。工作幅度范围 5.5～17.0 m，最大起升高度 15 m。

工作速度：额定起升速度为 3 m/min，载重 10 t 的起升速度为 15 m/min，从最大幅度至最小幅度的变幅时间为 3.75 min；高速回转速度为 1.2 r/min，低速回转速度为 0.12 r/min；顺轨带载 40 t 时的自力走行速度为 100 m/min(6 km/h)；回送速度 100～120 km/h。自重约 85 t。

该机的特点是具有较强的不使用支腿起重能力和带载 40 t 自力走行能力，回送速度高、作业准备时间短等，还可利用外部交流电网作为电源进行作业，也可在紧急情况下向外部供电。

原设计还具有装设抓斗和电磁铁的功能。

4.4.3 RC60CN 型 15 t 铁路起重机

20 世纪 80 年代，从芬兰 Rauma-Repola 公司属下 Parkana 工厂引进 RC60CN 型 15 t 铁路起重机 2 台（图 1-4），主要供电气化线路安装混凝土电杆和质量≤4.5 t 的钢结构铁塔用。

RC60CN 型 15 t 铁路起重机为内燃液压/液力传动，装设一台 CATERPILLAR 3306TA 型 184 kW/2 200 r/min 柴油机，通过分动箱分别驱动液力变矩器和液压泵，前者实现高速自力走行，后者驱动除走行机构以外的各作业机构的液压马达或液压缸。下车仅有两根车轴，无转向架，轴距 6 000 mm，轴重 22 t；三节伸缩式吊臂，全缩位长度为 5.08 m，全伸位长度为 16.93 m。回送时，吊臂可缩入至底架端梁之内。下车底架端梁端面间距离为 9 000 m。上车尾部半径 1 650 m。整机自重 42 t。

起重能力：使用支腿间距 3.7 m×3.7 m，额定起重量 15 t/4 m；不使用支腿，360°回转的起重性能为 15 t/2 m，不使用支腿，顺轨±20°范围内摆动的起重性能为 15 t/4 m。

工作速度：倍率 2 时的最大起升速度为 1 m/s，回转速度 0～3 r/min，由最大幅度至最小幅度的变幅时间为 18 s,吊臂伸缩速度为 10 m/min,最高自力走行速度 60 km/h,回送速度 100 km/h;在自力走行速度 10 km/h 时的最大牵引力为 45.7 kN。

该机设有 KVE-6P 型电子式安全负荷指示器,能够数字显示载荷质量、吊臂仰角、吊臂长度、工作幅度、载荷率和时钟等。在超过机器的强度安全极限或倾覆极限时,能够发出警报或限动指令,但起重机各机构仍可向安全方向动作。

当起重机的发动机、液压系统或电气系统发生故障时,液压系统中附设的一组手动液压泵可使上车复原到原始位置。

该起重机的主要性能是针对电气化线路立杆需要而设计的。在幅度 13 m、载荷为 3.5 t,一根电杆安装循环的机械运动时间不多于 80 s,其各项机构的工作速度均较高,具有较高的立杆效率。该机的主要性能参数和结构数据详见附录。

该机的设计颇具特点,其一是柴油机、液力变矩器和油泵等安装在下车一端,从而简化了上车,使上车尾部半径压缩到 1 650 mm,回转时上车尾部始终在限界之内,对邻线无任何干扰,这种布置方式在铁路起重机设计上比较少见;其二,回送状态下,吊臂完全缩入底架长度之内,回送不需要吊臂平车或隔离车;其三,配置强大的动力装置,使各种装置的工作性能指标达到相当高水平,实现作业的高效率。

4.4.4 NS1600/NS1600A 型 160 t 铁路救援起重机

为适应我国铁路大发展的新形势,在 2006～2007 年间,先后分 4 批从德国 Kirow Leipzig 工厂引进 NS1600 型内燃全液压伸缩臂式铁路起重机 13 台(图 4-8)。在 NS1600 型的基础上,进一步挖掘其起重潜能,在结构上稍作调整和加强后,将起重力矩从 1 600 t·m 提高到 1 680 t·m。提高起重力矩后,国内定

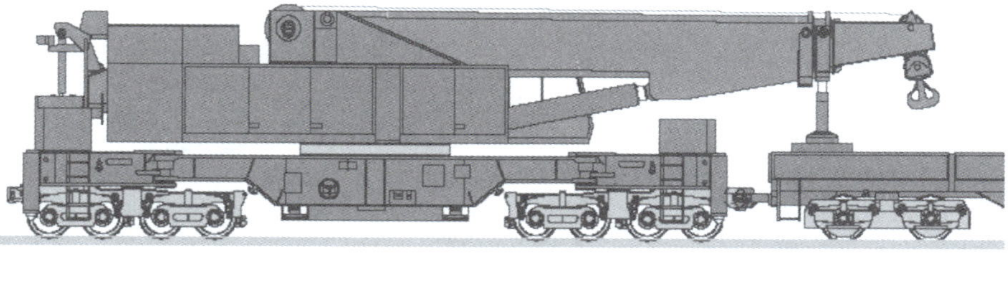

图 4-8 NS1600/NS1600A 型 160 t 液压铁路救援起重机

型为 NS1600A 型，在 2007～2010 年间，后者进口了 16 台。两者的外形和内部结构基本一致。

NS1600 型/NS1600A 型为内燃全液压铁路救援起重机，按照有关招标技术条件关于配置两台等功率柴油机的规定，选用了两台康明斯(CUMMINS)QSB5.9-C240 型柴油机，即“等功率双发”配置。三节伸缩式吊臂，全缩位的吊臂长度 12 m，全伸位长度 25.5 m；上车尾部平衡重为伸缩式，全缩位尾部半径 7 m，全伸位为 12 m。采用双回转支承结构，当前转台和吊臂一起作顺轨≤±30°范围内的摆动时，后转台与平衡重一起可以继续保持在顺轨方向不变，亦可跟随前转台一起回转；2 组 4 轴转向架。

起重性能：当使用横向跨距为 6 m 的全部支腿、平衡重在全缩位，起重量为 160 t/7 m，可 360°回转；使用单侧 2 组支腿，NS1600 型的起重量为 160 t/10 m，可顺轨单侧作 15°范围内的摆动，最大起重力矩 1 600 t·m；在同样的支承和平衡重条件下，NS1600A 型起重量 160 t 的幅度增至 10.5 m，可顺轨 30°范围内摆动，最大起重力矩 1 680 t·m；不使用支腿的起重量为 15 t/9 m，可 360°回转。

NS1600/NS1600A 型铁路救援起重机的主要性能参数和结构数据详见附录。

NS1600/NS1600A 型铁路救援起重机具有以下特点：

(1)采用双回转支承结构，顺轨±30°范围内摆动时，上车尾部可以不跟随摆动，始终保持在限界之内。

(2)采用长行程(5 m)的伸缩式平衡重，在起重机自重不变的条件下，可以较大地提高顺轨起重性能。

(3)根据作业需要，可以使用单侧前方的 1 组支腿、单侧的 2 组支腿或全部 4 组支腿，节约了作业准备时间和繁重的打支腿劳动。

(4)吊臂具有较强的带载伸缩能力，除三节臂不具备带载伸缩能力外，具有 2/3 额定起重量的带载伸缩能力。

(5)柴油机采用“等功率双发”配置，每台柴油机驱动的液压泵亦相同。可以单机作业，也可以双机并用，后者作业速度提高一倍。而当一组动力装置出现突发故障时，可以用另一组动力装置单独完成救援作业。

(6)研制和配置了中央安全监控系统，研制的软件系统能够使起重机操作人员在司机室内实时监控所有重要的基本信息，进行相应的操纵和控制。力矩限制器显示载荷的力矩情况，数字化的操作程序能编辑和显示起重机的起升能力。

4.4.5　NS2000 型 200 t 铁路救援起重机

为进一步提高重要铁路枢纽的事故救援能力，从 2011 年开始引进德国

Kirow Leipzig 工厂设计制造的 NS2000 型内燃全液压铁路起重机 6 台(图 4-9、图 4-10)。该机的最大起重力矩为 2 880 t·m,较 NS1600A 型的 1 680 t·m 提高了 71%。它可以在伸缩 19 m 顺轨摆动±10°范围内一钩救复自重 150 t 顺轨方向放置的机车。从起重能力的角度,该机达到我国救援铁路起重机的最高起重量级别。

图 4-9　NS2000 型 200 t 全液压铁路起重机全貌

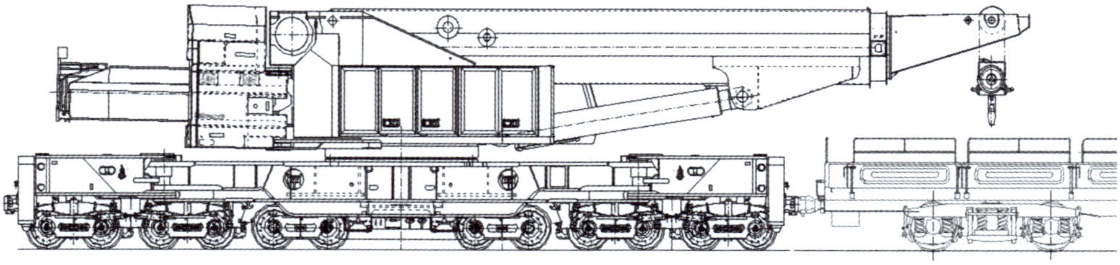

图 4-10　NS2000 型 200 t 全液压铁路救援起重机回送状态总图

起重能力:使用横向间距 4～6 m 的 4 组支腿,上车尾部半径≤8 m,起重量 200 t/7 m,360°回转;上车尾部半径 14 m,起重量 152 t/19 m,顺轨±10°范围内摆动;使用单侧两组支腿,支腿中心至轨道中心线的水平间距为 3 m,平衡重于全伸位,起重能力为 100 t/18 m,可朝支腿方向顺轨 20°范围内摆动;不使用支腿,吊臂呈水平状,上车尾部半径 14 m,起重量 50 t/27 m,可顺轨±3°范围内摆动。

该机的主要性能参数和结构数据详见附录。

NS2000 型铁路起重机具有以下特点。

(1)与 NS1600/1600A 型的双回转支承式伸缩平衡重不同,采用旋转式平衡重技术(参见第 3 章 3.3.3.2 节),在上车前部顺轨摆动时,尾部平衡重相应旋转并能够控制在距轨道纵向中心线 2.5 m 的范围内。作业时，上车尾部不影响邻线的正常运行。

(2)配置了行程长达 7 m 的液压伸缩式平衡重，提高了起重能力。

(3)设计了新型的 6 轴（4 + 2）转向架，转向架主动部分的结构基本与 NS1600/NS1600A 型相同，另外增加一组(2 轴)从动转向架，依靠液压蓄能器，使从动转向架始终保持一定的轴重。

(4)设置了与 NS1600/NS1600A 型相似的中央安全监控系统。但在控制系统上增设了冗余系统，作为主控制系统失效时备用。

(5)具有与 NS1600/NS1600A 型特点(3)、(4)相同的特点。

4.5 我国铁路起重机主要生产企业

4.5.1 中国北车齐齐哈尔轨道交通装备有限责任公司(简称齐轨道装备公司，原名齐齐哈尔车辆厂，英语缩写 QRRS)

中国北车齐齐哈尔轨道交通装备有限责任公司始建于 1935 年，是中国铁路货车、铁路起重机设计制造领军企业和出口基地，隶属于中国北车股份有限公司。公司业务包括货车新造、货车修理、机车车辆配件、起重工程机械、非标装备、特种集装箱、现代钢材物流 7 大板块。现拥有齐齐哈尔、大连、哈尔滨、牡丹江 4 个制造基地。具有年新造货车 15 000 辆、修理货车 10 000 辆、造修铁路起重机 30 台、生产关键核心配件 25 000 辆份的生产能力，货车产品国内市场占有率 20%以上。在新中国建设的不同历史时期，该公司主导了中国铁路货车 3 次大的升级换代，始终担当领跑重任，建国以来累计新造铁路货车 35 万辆，铁路起重机 2 000 余台。

该公司有着雄厚的研发实力，在行业内具有明显领先优势，长期主导着中国铁路货车和铁路起重机发展方向。2008 年被评为国家级高新技术企业。公司拥有行业最全产品阵容，研发生产的敞车、棚车、平车、漏斗车、特种车、罐车、长大货车、铁路起重机、配件等 9 大系列 300 多个品种的各类产品，不仅满足了中国铁路运输需求，而且出口到澳大利亚、新西兰、巴西、韩国、蒙古、哈萨克斯坦等世界五大洲的 20 几个国家和地区。

该公司通过结构调整、资本运作和区域化经营，形成了以齐齐哈尔为核心“两省四地”集团化生产经营格局。该公司拥有多条具有国际先进水平的生产线，生产规模、制造能力在国内一直处于领先地位，重点产品、关键部件的制造水平和能力已经达到国际先进水平。在同行业中较早地通过了质量管理体系、环境管理体系和职业健康安全管理体系三位一体认证，同时顺利通过了 AAR 协会 M-1003 质量体系认证和 EN 15085 焊接体系认证。公司跻身中国机械 500 强和世界铁路装备制造业 500 强行列。

从 20 世纪 50 年代后期以来的 30 年里，该公司是我国唯一的铁路起重机设计制造企业。改革开放以来，该公司在铁路起重机研发和制造修理方面继续保持领头企业的地位，新造铁路起重机的累计产量遥遥领先于国内其他企业铁路起重机产量之总和，稳居全球的第二位。

该公司设计生产的铁路起重机，基本满足铁路运输发展和市场的需求。起重量从 2 t 逐步发展到 160 t，设计开发的品种多达 50 余种，其中铁路救援起重机 27 种。该公司具有较强的适应市场变化的能力，除铁路起重机以外，曾经生产过 16 t 汽车起重机和 15 t 履带起重机。动力传动方式从手工→蒸汽机机械传动→内燃机电力传动→内燃机液力传动→内燃机全液压传动，经历了铁路起重机技术发展的全过程，缩小了与国际技术水平的差距。使用对象有铁路的机务、工务、装卸、施工等部门和铁路以外的大型厂矿和港口。更为重要的是几十年来培养造就了一批熟练掌握铁路起重机专业的技术人员，有能力按照国内外客户不同轨距、限界、车钩缓冲型式、制动型式等技术要求设计制造铁路起重机，并在国际市场上具有竞争力。在起草审定国内铁路起重机专业的行业标准、厂、段修规程和对外招标技术规范等方面起到骨干作用。

该公司在我国铁路起重机，特别是铁路救援起重机的发展历程中做出了突出贡献。

4.5.2 中国北车兰州机车有限责任公司（原名兰州机车厂，曾改名为金牛轨道交通装备有限责任公司）

中国北车兰州机车有限公司是中国北车股份有限公司的全资子公司，始建于 1954 年，是我国西北地区唯一的内燃机车、电力机车检修基地，铁路工程机械制造基地和规模最大、品种最全的工矿机车制造基地，属国家高新技术企业。

该公司具有年 400 台机车的检修能力。目前检修的主要品种有东风型系列内燃机车和韶山型系列电力机车。

该公司研发制造了 8～160 t 全液压铁路起重机系列产品，10～45 t 交流牵引工矿电机车系列产品及铁路机车车辆配件，可广泛应用于铁路、矿山、煤矿、隧道等领域，产品出口到多个国家和地区。

在铁路起重机制造及检修方面，公司于 1973～1987 年期间，大修及改造蒸汽 15 t 铁路起重机 663 台。1988～2006 年，共新制各型起重机 62 台、改造 15 台、修理 40 余台。20 世纪 80 年代末，公司在国内首先研制成功 NS1001 型 100 t 全液压伸缩臂式铁路起重机，近年来又先后研制成功了出口巴基斯坦BT8.3型8 t铁路起重机、出口坦赞铁路RC-N1005-TZR型100 t铁路起重机。研制出NS1252型125 t铁路起重机及N1002型、N160型定长臂起重机改为NS100G型、NS160G型全液压伸缩臂式起重机。在全液压伸缩臂式铁路起重机的研制方面积累了近20年的经验，具备了自主研制开发系列铁路起重机的能力。

在对北疆铁路公司奎屯机务段的NS100GK型100 t铁路起重机改造中，动力学试验速度达133 km/h，各项性能良好，充分体现了该起重机改造后优良的提速性能。

在为济南铁路局徐州机务段改造的NS160G型160 t铁路起重机上(定长臂改伸缩臂)，设计采用了伸缩平衡重机构，满足了救援起重机在不同地域和环境的救援起重要求。

4.5.3 中铁武桥重工股份有限公司

中铁武桥重工股份有限公司的前身为大桥集团武汉桥机有限公司，经过50多年的发展壮大，现已集设计制造、安装施工、检测、服务为一体的科技管理型公司，主要从事桥梁机械、起重机械、铁路机械、水工机械及自动化控制设备的研发制造、建筑钢结构、桥梁钢结构、电厂钢结构及车站厂房钢结构的制造安装。

21世纪以来，公司不断加大开发及技术设计研制工作，针对市场需求设计、制造出一系列的新产品，如为东海大桥施工而设计的小天鹅号2 500 t起重船、为缅甸曼德勒桥设计制造了15 t架梁吊机、钻孔直径达4 m、扭矩为30 t·m的KTY4000型动力头钻机、WD120型桅杆式起重机、70 t桅杆吊等等，2005年又为杭州湾跨海大桥施工设计制造天一号3 000 t起重船，其后又研制了MBEC 900C型轮胎式运梁车。公司产品多次获得国家和原铁道部的科技进步奖。

1989年，公司首次生产国内最大吨位的N1602型160 t定长臂式铁路起重机；1997年，公司与西南交通大学、北京铁路局共同研制开发NS1602型160 t伸缩臂式铁路起重机。截止2005年底，累计生产160 t铁路起重机40台。

4.5.4 其他企业

4.5.4.1 中铁山桥集团有限公司(原名山海关桥梁厂)

该公司创建于1894年，是集开发、设计、制造、施工与服务一体化的综合型现代大型企业集团，是我国生产钢梁钢结构、铁路道岔、大型机械等产品具有竞争力的制造企业。

20 世纪 80 年代，该厂按齐齐哈尔厂的设计图样和技术文件，成批生产了 N1002 型 100 t 铁路起重机。1990 年，与西南交通大学联合设计研制 N1003 型 100 t 铁路起重机一台，交付郑州铁路局洛阳机务段使用。2002 年，按合同要求为台湾铁路管理局生产 NZS1002 型 100 t 铁路起重机一台。历年来，承接 N1002 型 100 t 铁路起重机大修和大修兼改造工作，也承接过 Z601 型蒸汽铁路起重机的内燃化改造业务。

4.5.4.2　中国南车成都机车车辆有限公司

该公司是中国第一家专业修理内燃机车的企业，是中国铁路内燃机车、电力机车、铁路客车的主要检修基地之一和中国南车内燃机车电机制造基地。公司具有年大修各型机车 350 台、客车 500 辆的能力，研制生产各类电机 3 500 台的生产能力。

2004 年，该厂在 NS100G-5 型 100 t 伸缩臂式铁路起重机（N1002 型定长臂式起重机改为液压伸缩臂式起重机）的基础上，研制成功了 NS100GA-5 型 100 t 铁路起重机，其主要特点是转向架的提速改造，最大回送速度达 120 km/h，于 2004 年 11 月在乌鲁木齐铁路局通过了由四方车辆研究所主持的动力学试验。

4.5.4.3　铁路局的铁路起重机中修基地

按照《N1002 型内燃铁路起重机段修规程》规定，“配属 100 t 内燃铁路救援起重机较多的铁路局应集中资金设一个检修点进行起重机中修”的要求，哈尔滨、沈阳、上海等铁路局分别筹建了铁路救援起重机的中修基地。

4.6　铁路起重机在国民经济发展中的作用

铁路起重机顾名思义必须在铁道线上运行和作业，与其他臂架类起重机相比，在应用范围上有局限性。但正是由于其特定的作业环境，在国民经济发展中起到了特定的作用。

4.6.1　历史上的贡献

从 20 世纪 50 年代到 80 年代，蒸汽机车一直是我国铁路的主要牵引动力。如何解决准确、快捷地为蒸汽机车的煤水车上煤，曾经是提高运输效率的一大难题。经过多种方案的比选和实践，15 t 抓斗、吊钩两用蒸汽铁路起重机成为上煤装备的胜出者。它不仅能够直接为机车上煤，从货车上卸煤，还能在煤场转运煤。全国的机务段几乎全部装备了 15 t 蒸汽抓斗、吊钩两用铁路起重机，为国民经济和铁路运输的发展起到了不可磨灭的历史作用。随着铁路牵引动力的内燃化和电气化，此型起重机已从机务段的舞台上彻底退出。

同时，在铁路机车车辆颠覆和脱轨事故的救援中，铁路起重机一直是功不可没的首要装备，为保障铁路运输畅通起到了不可替代的重要作用。在站场的货物装卸和铁路施工方面也有所建树。

4.6.2　现实的作用

由于铁路起重机的分布很广，除在铁路内各系统使用外，冶金、煤炭、重型机械制造和地方铁路都有相当数量的铁路起重机在服役。其主要服务领域包括以下部门：

(1)国有铁路救援用铁路起重机约 224 台(2013 年统计)，是铁路发生事故后开通线路的主力军。

(2)在地方铁路和大型企业的专用线上，有为数众多的铁路起重机承担内部铁路事故救援、设备安装、整体和散堆物料的装卸等任务。

(3)在铁路施工企业和装卸作业部门还有一定数量的铁路起重机在运行。

所有这些现役起重机都在为发展国民经济发挥不可或缺的作用。

4.6.3　形成了比较完整的铁路起重机制修产业

经过计划经济时期的政府扶植和市场经济时期的有序竞争，到 20 世纪末，国内已形成了铁路起重机设计制造企业 3 家，大修企业 2 家，部分铁路局筹建了铁路救援起重机修理基地，形成了具有自主创新能力的设计开发、使用维护、修理保养的完整体系。

自建国以来，我国生产铁路起重机的累计产量名列世界第二，成为世界上少数几个能够独立设计制造铁路起重机的国家之一，并有少量出口。

我国的铁路起重机制造企业，一直伴随中国铁路的发展而兴旺，特别是改革开放以来，加强了国际技术交流，技术进步很快，并已逐步挤入国际市场。铁路起重机制造企业已成为我国门类齐全的装备制造业当中一个不可或缺的分支。

4.6.4　建立了比较完整的铁路起重机规章制度

为使铁路起重机在设计、制造、维修和运用等环节有章可循，有法可依。在铁路主管部门的主持和组织下，制订了一套经实践验证的比较完整、具有良好可操作性的规章制度。

在设计制造方面，先后颁布了铁道行业标准《内燃铁路起重机技术条件》和《内燃铁路起重机检查和试验办法》，以及国家标准《铁道特种车辆和轨行机械动力学性能评定及试验办法》等，使以柴油机为动力、液压和液力传动的新造伸缩臂式和定长臂式铁路起重机有统一的、基本的技术要求，以及质量保证、检查、试验、标志、包装和运输等方面的要求。

在检修方面，先后以原铁道部文件的形式，在1977年颁布了《蒸汽轨道吊车厂修规程》、1993年发布了《N1002型铁路起重机大修规程》(试行稿)、其后又发布了《N1002型铁路起重机段修规程》(试行稿)、2000年公布了《N160 t铁路起重机大修规程》(试行稿)，以上规程基本涵盖了蒸汽、内燃液力和内燃液压等品种的检修技术要求和使用限度，也为其他类同机型起重机的检修提供了重要的依据和参考条款。

铁路救援起重机产品被纳入原铁道部铁科技〔2011〕45号《关于公布铁道部淘汰产品目录(2011)的通知》和原铁道部运装机运〔2008〕82号《关于印发〈铁路救援列车管理办法〉的通知》等文件的有关条款中，为产品的发展指明方向。

在新产品设计、审批、鉴定与验收等环节，以及与机车车辆通用零部件的标准和规章方面，均有章可循。

4.7 铁路救援起重机在铁路网中的配置

国有铁路救援起重机的配置情况和配置原则简述如下。

4.7.1 配置情况

截止到2013年3月的统计数据，我国国有铁路(含合资铁路)救援起重机保有量224台，配置在169个救援列车上。其中160 t伸缩臂式起重机93台，160 t定长臂式起重机17台，125 t伸缩臂式起重机18台，100 t伸缩臂式起重机36台，100 t定长臂式起重机58台，60 t伸缩臂式起重机3台，特大型的160 t已占总台数约49%。

4.7.2 配置原则

遵照2000年1月1日起实行的铁运〔1999〕118号文件《铁路行车事故救援规则》的规定，国有铁路铁路救援起重机的配置，应符合第六十一条规定。

救援列车应配置100 t及以上吨位的轨道起重机(窄轨线路除外)，担当电气化区段和隧道地区救援任务的，应逐步配置液压伸缩臂式轨道起重机。

轨道起重机的购置(新线除外)、调拨和报废的审批,由铁路局负责。救援列车的设置,应遵循以下原则:

(1)配置100 t及以上吨位内燃轨道起重机的救援列车,所管辖的半径一般应为200 km,单方向的救援距离一般为250 km。

(2)配置60 t蒸汽(内燃)轨道起重机的救援列车,所管辖的半径一般应为150 km。

(3)运输任务繁忙的区段和特殊区段救援列车的设置和调整,由铁路局确定,并报铁路总公司批准或核备。

从铁路起重机配备的实际情况出发,为缩短开通线路的时间,在一些特别重要的枢纽站,一列救援列车配置了2台铁路救援起重机,如沈阳、长春、吉林、锦州、郑州等救援列车均如此。

适应铁路提速的要求,新出厂或改造出厂的伸缩臂式铁路起重机,其回送速度均要求提高到120 km/h。按照《铁路行车事故救援规则》第五十七条规定:"救援列车专用车不得使用报废车辆。选择配备的车辆状态和质量必须良好,其速度等级原则上应与轨道起重机的速度等级相匹配。"因此,不符合回送速度120 km/h的救援列车附属车辆,不适合与伸缩臂式救援起重机配套。

第 5 章　铁路救援起重机的抗倾覆稳定性

铁路救援起重机抗倾覆稳定性是指起重机在自重和外载荷的作用下抵抗倾覆的能力。

铁路救援起重机由于局限于铁道线路上运用和作业，与履带式和汽车起重机等流动性较大的臂架式旋转起重机相比，不使用支腿时支承轮廓窄小，用支腿时周围支承条件较差，而其起重力矩相对较大，因此，往往因为货物过重、操纵失误、惯性力过大、线路基础或支腿支承面沉陷、钢丝绳和吊具脱落或破坏、安全装置失灵等因素，导致丧失抗倾覆稳定性，造成货物损坏、人员伤亡的严重事故。20 世纪 80 年代以来，铁路救援起重机普遍装设了电子式力矩限制器，失稳倾覆事故有所减少，但从国内外的资料来看，铁路起重机的倾覆事故仍未能杜绝。铁路起重机的抗倾覆稳定性问题仍应予以特殊的关注。

5.1　倾覆线

失稳的起重机会沿着其危险倾覆线倾翻。所谓“倾覆线”，是指起重机各相邻支承点间的连线（图 5-1）。铁路起重机的倾覆线指当起重机不使用支腿作业时（为避免起重机车体倾斜和弹簧、过载，转向架弹簧闭锁装置应锁定，上、下心盘间应有可靠的防脱开措施），其相邻支承点间的连线构成 $ABCD$ 的长方形支承轮廓，车轮轮缘与轨道的接触线 AB 与 CD 为其侧面（横向）的倾覆线。为便于计算，两条侧面倾覆线间的垂直距离 AD 与 BC 等于铁路轨距；其两端最外侧的轮对中心线 AD 与 BC 为顺轨方向（纵向）的倾覆线，其间距离为起重机的定距加上转向架的固定轴距。当起重机使用支腿作业，其 4 组支腿支承点中心间的连线构成 $EFGH$ 长方形支承轮廓，EF 与 GH 各为其侧面（横向）的倾覆线，其间的距离等于起重机的横向支腿间距；EH 与 FG 各为其顺轨方向（纵向）的倾覆线，其间的距离等于起重机的纵向支腿间距。其危险倾覆线，一般应为该工况下起重机整个质量（包括吊重和载重）重心离最近一侧倾覆线的垂直

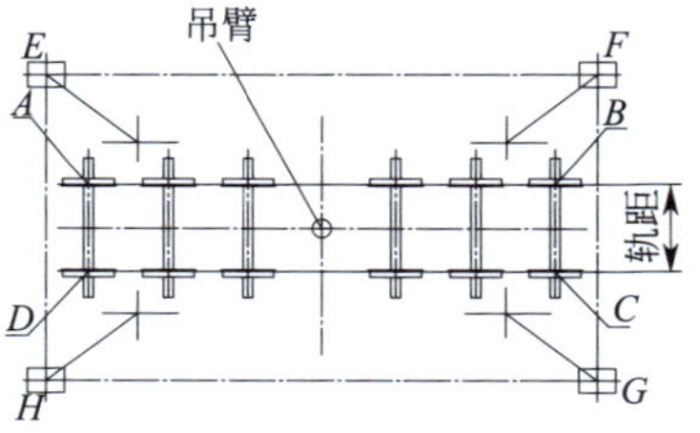

图 5-1　铁路起重机的倾覆线

距离最短的一条线。抗倾覆稳定性的验算，应按此最危险的工况验算，也即按力矩代数和$\sum M$为最小的危险倾覆线进行计算。

5.2 风载荷

5.2.1 风载荷计算式

$$P_w = CK_h qA \tag{5-1}$$

式中 P_w——风载荷（N）；

C——风力系数，用以考虑受风结构物形、尺寸等因素对风压的影响；

K_h——风力高度变化系数；

q——计算风压（N/m^2）；

A——起重机或吊起物品垂直于风向的迎风面积（m^2）。

结合铁路救援起重机受风结构体形、尺寸、高度等实际情况，为简化计算，C 与 K_h 均取为 1。

5.2.2 计算风压 q

风压是风的速度能转化为压力能的结果。

风压的计算式为：

$$q = 0.613v^2 \tag{5-2}$$

式中 q——计算风压(N/m^2)；

v——计算风速(m/s)。

计算风压 q 分为三种情况取值：

q_{I}——起重机正常工作状态下的计算风压。

q_{II}——起重机正常工作状态下的最大计算风压。

q_{III}——起重机非工作状态下的计算风压。

q_{II} 与 q_{III} 适用于校核铁路救援起重机的抗倾覆稳定性，其值按表 5-1 选取。

表 5-1 起重机计算风压(N/m^2)

地　　区	工作状态计算风速(m/s)	q_{II}	q_{III}
内　　陆	15.5	150	500～600
沿　　海	20	250	600～1 000
台湾地区及南海诸岛	20	250	1 500

注：沿海地区系指离海岸线 100 km 以内的大陆或海岛地区。

5.2.3 迎风面积 *A*

起重机结构迎风面积取其外形轮廓面积在垂直于风向平面的投影作近似计算（m^2）。

物品的迎风面积，按其净面积与最不利风向的垂直投影面积计算。

一些文献中给出了与物品质量相对应的迎风面积估算值，见表 5-2。

表 5-2 物品迎风面积估算表

物品质量（t）	40	50	63	75/80	100	125	150/160	200	250
迎风面积（m^2）	22	25	28	30	35	40	45	55	65

5.3 机构启(制)动产生的水平惯性载荷

5.3.1 运行惯性力 *P*

铁路救援起重机使用支腿工况可不考虑运行惯性力。

5.3.2 回转和变幅运动时的水平惯性力 P_i

铁路救援起重机回转和变幅时，起升质量和起重机运动部分的自身质量产生水平惯性力。起升质量产生的水平惯性力 P_i（包括作用在起升质量上的风力、回转和变幅启、制动时的惯性力、回转运动时的离心力，起重机自身质量的离心力通常忽略），按吊重钢丝绳偏离铅垂线的偏摆角所引起的水平分力计算：

$$P_i = P_i \tan\alpha \qquad (N) \tag{5-3}$$

式中 P_i——起升载荷；

α——吊重钢丝绳相对铅垂线的偏摆角。校核铁路救援起重机抗倾覆稳定性时，用工作状态下的最大偏摆角 α_{II}，其推荐值为 3°～6°（α_{I} 用于机构零件的疲劳计算）。

5.4 稳定系数法

铁路起重机抗倾覆稳定性的验算在国际上大体有三种标准和方法，分别是稳定系数法、按临界倾覆载荷标定起重量法和按力矩不等式验算抗倾覆稳定法。本小节主要介绍一下稳定系数法。

在 1984 年我国国家标准 GB 3811—1983《起重机设计规范》颁布实施之前，我国设计制造的铁路起重机抗倾覆稳定性长时间按原苏联国家标准规定的稳定系数法验算。现已不适用我国但有必要作概念性的简单介绍。

起重机所受的各种外力对于倾覆线产生的稳定力矩 M_w 与倾覆力矩 M_q 的比值称为稳定系数，以稳定系数 k 不小于规范值$[k]$作为抗倾覆稳定性合格的条件：

$$k=\frac{M_w}{M_q}\geqslant[k] \tag{5-4}$$

式中，M_w 和 M_q 都按起重机处于最不利于稳定的情况、受到最不利的载荷作用进行计算。

对于铁路起重机来说，在各种臂长和幅度的情况下，都应符合上式的规定。

按本方法验算稳定性时，应对起重机工作状态的载重稳定性和非工作状态的自身稳定性分别进行计算。

5.4.1 载重稳定性

起重机的载重稳定性要分别通过静稳定系数 k_1 和动稳定系数 k_2 的验算。

在无风静载、轨面水平的情况下计算静稳定系数 k_1：

$$k_1=\frac{M_w}{M_q}\geqslant1.4 \tag{5-5}$$

在承受工作状态下最大风载荷、起升和回转两机构一个启动或制动、另一个等速运转、起重机由于轨面坡度或支腿未调平造成倾斜等情况下计算动稳定系数 k_2：

$$k_2=\frac{M_w}{M_q}\geqslant1.15 \tag{5-6}$$

5.4.2 自身稳定性

起重机处于不工作状态，吊臂伸至最大长度和其相应的最小幅度，并与倾覆线相垂直，起重机沿下坡方向受到非工作状态的最大风载荷，起重机不出现后倾翻时稳定系数 k_3：

$$k_3 = \frac{M_w}{M_q} \geqslant 1.15 \tag{5-7}$$

5.5 按临界倾覆载荷标定额定起重量法

按临界倾覆载荷标定起重量法是某些工业发达国家铁路起重机制造公司常用的方法。

在水平坚实路面，起重机在不同臂长和不同幅度时的临界倾覆载荷 Q_l 由试验或计算方法确定。

试验测定时，逐渐增加吊钩上的载荷质量，直到与吊钩相对另一侧的支承压力为零。此时，吊钩上的载荷质量即为临界倾覆载荷 Q_l。Q_l 也可通过简单的计算确定。

为了保证起重机作业时有足够的稳定性，吊钩上的最大载荷 Q_n（即额定起重量）应小于 Q_l：

$$Q_n = \alpha Q_l \tag{5-8}$$

式中：α 为一系数。英、美、日、德等国家采用的 α 值分别为 0.66、0.85、0.78 和 0.75。

设计中取较大 α 值，一方面表示起重机可利用的起重能力较高，另一方面说明起重机抗倾覆的稳定裕度较小；反之，则起重机自重偏大，成本较高，但作业时稳定裕度较大。

5.6 按力矩不等式验算抗倾覆稳定性法

本方法简称力矩法，为一些国家的国家标准或设计规范所采用。

5.6.1 起重机分组

由于结构外形和工作条件不同，对各种起重机的抗倾覆稳定性的要求也不同。校核抗倾覆稳定性时，起重机可分为Ⅰ、Ⅱ、Ⅲ、Ⅳ等4组，铁路起重机和汽车起重机等流动性很大的起重机一起，划为Ⅰ组。

5.6.2 验算工况

起重机抗倾覆稳定性按表5-3所列的工况进行校核。

表 5-3　验算工况

工　　况	工况特征
1	无风静载
2	有风动载
3	突然卸载或吊具脱落
4	暴风侵袭下的非工作状态

注：①在验算工况 1、3、4 和 1 组起重机的工况 2 时，不考虑轨道或基础的倾斜度。

②工况 4 按非工作状态计算风压 $q_{Ⅲ}$ 计算。

工况 1 主要用以校核起重机静载试验时的稳定性(静载试验载荷为额定载荷的 1.25 倍)。工况 2 相应于起重机的正常作业情况的稳定性校核。工况 3 用于校核起重机工作时由于意外情况(突然卸载或吊具脱落)向后倾覆的稳定性。工况 4 是校核起重机非工作状态下受暴风吹袭时的倾覆稳定性。

5.6.3　抗倾覆稳定性校核的力矩表达式

起重机抗倾覆稳定性应按表 5-3 所列工况，在最不利的载荷组合条件下进行，若包括起重机自重在内的各项载荷对其支承平面上的倾覆线的力矩之代数和大于等于零($\sum M \geqslant 0$)，则认为起重机是稳定的。计算时规定起稳定作用的力矩符号为正，使起重机倾覆的力矩符号为负。

抗倾覆稳定性校核的力矩表达式为：

$$\sum M = K_G M_G + K_P M_P + K_i M_i + K_f M_f \geqslant 0 \tag{5-9}$$

式中　M_G、M_P、M_i 和 M_f——分别为起重机自重、起升载荷、水平惯性力和风力对倾覆线的力矩(N·m)；

K_G、K_P、K_i 和 K_f——分别为上述 4 类载荷的载荷系数，见表 5-4。

表 5-4　载荷系数

起重机组别	验算工况	自重 K_G	载荷系数 K_P	水平惯性力(包括物品)K_i	风力 K_f	说　　明
Ⅰ	1	1	$1.25+0.1\dfrac{A}{P_Q}$	0	0	A——吊臂自重对臂端和吊臂铰点按静力等效原则折算到臂端的质量； P_Q——起升载荷 伸缩臂起重机不必验算工况 4
	2		1.15	1	1	
	3		−0.2	0	0	
	4		0	0	1.1	

注：①物品所受的风力和物品水平惯性力可合在一起考虑，用吊重绳偏摆角 $\alpha_{Ⅱ}$ 计算总水平力(见 5.3 节)。

②对于铁路起重机上表的载荷系数只适用于用支腿支撑的作业工况。

③在风力的作用下，吊臂应处在倾覆边一面，风从平衡重方向吹向吊臂。

④换算到吊臂头部的吊臂自重 A，按下式计算(图 5-2)：

$$A = \frac{mG_b}{J} \tag{5-10}$$

式中 G_b——吊臂自重（N）；

m——吊臂重心至吊臂下铰点的水平距离(m)；

J——吊臂长度的水平投影(m)。

5.6.4 抗倾覆稳定性验算计算式

5.6.4.1 工况1，无风静载(图5-3)

起升载荷处于所允许的最大幅度，吊臂垂直于危险倾覆线，起吊额定载荷，不计附加载荷和坡度的影响，其抗倾覆稳定性验算计算式为：

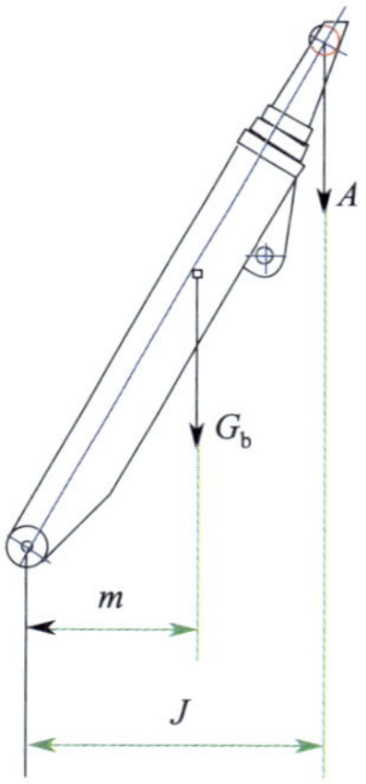

图5-2 吊臂自重换算图

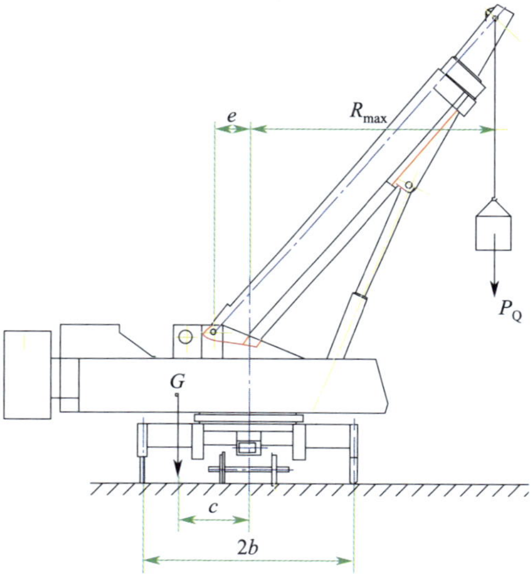

图5-3 无风静载工况的抗倾覆稳定性

$$\sum M = K_G G(b+c) - K_P P_Q (R_{max} - b) \geqslant 0 \qquad (5\text{-}11)$$

式中 K_G和K_P——分别为起重机自重和起升载荷的载荷系数(见表5-4)；

G——起重机重力(N)；

P_Q——起升载荷力(包括吊具自重)(N)；

$2b$——不用支腿作业时为铁路轨距，用支腿作业时为支腿横向间距(m)；

c——起重机重心至回转中心的水平距离(m)；

R_{max}——起升载荷所允许的最大幅度(m)。

5.6.4.2 工况2，有风动载(图5-4)

吊臂处于吊起额定载荷的最大幅度处，并垂直于危险倾覆线，有不利于稳定性的坡度，工作状态的最大风力由后部向前吹，起重机上作用着不利于稳定的机构起(制)动水平惯性力，其稳定性验算计算式为：

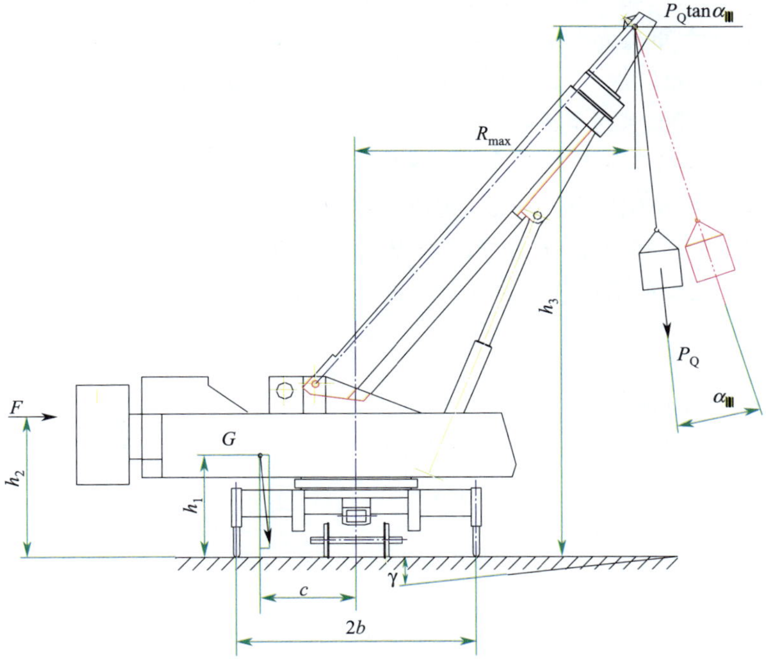

图 5-4　有风动载的抗倾覆稳定性

$$\sum M=K_G G[(b+c)\cos\gamma-h_1\sin\gamma]-$$

$$K_P\frac{P_Q}{\cos\alpha_{Ⅱ}}[(R_{max}-b)\cos(\gamma+\alpha_{Ⅱ})+h_3\sin(\gamma+\alpha_{Ⅱ})]-K_f F h_2\geqslant 0 \quad (5\text{-}12)$$

式中　γ——允许的最大坡度，铁路起重机用支腿作业时取 $\gamma\leqslant 1.5°$，在平直线路上不用支腿作业时取 $\gamma\leqslant 3°$。对于无曲线超高自动调平装置的起重机，在曲线上不使用支腿作业要考虑外轨超高问题；

h_1——起重机重心高度(m)；

$\alpha_{Ⅱ}$——工作状态下吊重绳相对铅垂线的最大偏摆角(°)；

h_3——起重机臂端吊钩上滑轮中心至轨面的高度(m)；

h_2——起重机挡风面积的形心高度(m)；

K_f——风力系数(见表 5-4)；

F——作用在起重机上的风力(N)(作用在物品上的风力正在 $\alpha_{Ⅱ}$ 中考虑)，对于工况 2 和 3，按工作状态最大计算风压 $q_{Ⅱ}$ 计算；对于工况 4，按非工作状态计算风压 $q_{Ⅲ}$ 计算。

式(5-12)中其他符号同前。

作为铁路救援起重机，由于主要作业工况均使用支腿，带载运行时作为倾覆力矩的主要因素起重机起升载荷 P_Q 值较小，而构成起重机稳定力矩的 G 值相对较大，带载运行的稳定性一般良好，可不校核。铁路救援起重机进行救援作业时，均配备机车牵引或推送起重机，更有利于带载运行的稳定性。

5.6.4.3　工况 3，突然卸载或吊具脱落（图 5-5）

吊臂处于最小幅度并垂直于危险倾覆线，由于突然卸载或吊具脱落相当于物品悬吊点上产生一个反向作用力、工作状态下的最大风力由前向后吹，有不利于稳定的坡度，其抗倾覆稳定性的验算公式为：

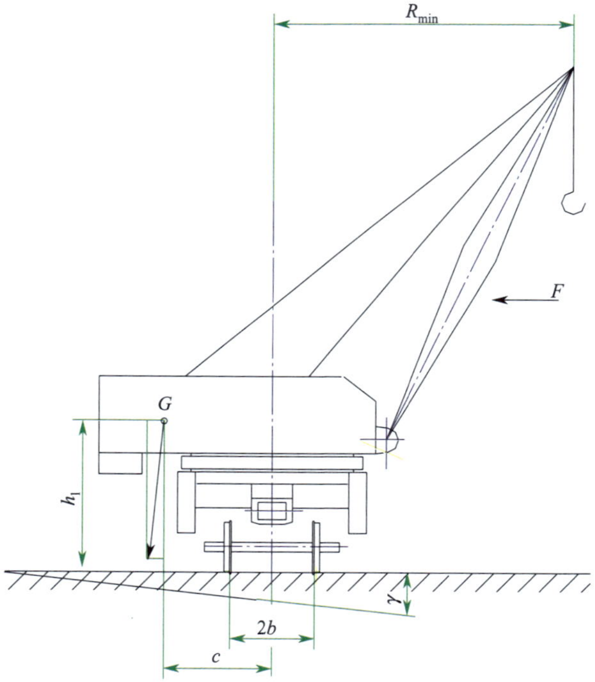

图 5-5　突然卸载和暴风侵袭时的抗倾覆稳定性

$$\sum M = K_G G[(b-c)\cos\gamma - h_1\sin\gamma] - 0.2P_Q(R_{min} + b - h_3\sin\gamma) - K_f F h_2 \geqslant 0 \quad (5\text{-}13)$$

式中　R_{min}——最小幅度（m）。

式（5-13）中其他符号同前。

对于采用钢绳滑轮组式变幅机构的铁路起重机，还应验算在这种工况下的吊臂绕其下铰点向后倾覆的可能性。

5.6.4.4　工况 4,暴风侵袭(图 5-5)

非工作状态下的起重机,吊臂垂直于倾覆线并处于最小幅度,非工作状态的最大风力由前向后吹,有不利于稳定的最大允许坡度或曲线外轨超高。此时的抗倾覆稳定性验算公式为:

$$\sum M = K_G G[(b+c)\cos\gamma - h_1\sin\gamma] - K_f F h_2 \geqslant 0 \tag{5-14}$$

式(5-14)中符号同前。

伸缩臂式铁路救援起重机不验算本工况。

5.7　铁路救援起重机后倾覆稳定性验算

抗后倾覆稳定性是起重机在工作状态下,吊臂伸至最大长度,处于最大仰角和最不利于稳定的位置(一般为正侧方位置),吊钩放置地面,风从吊臂吹向平衡重,此时,吊臂一侧的所有车轮(或支腿)对轨道(或地面)的总载荷不小于该工作状态下起重机总质量重力的 15%。

平衡重的各种配置方式都必须满足抗后倾覆稳定性的要求。

5.8　起重特性曲线

铁路起重机起重性能,一般可以用几条曲线来表达,这几条曲线分别如下。

(1)起重量曲线——表示起重量随幅度改变的曲线。直角坐标系的横坐标为幅度(m),纵坐标为额定起重量(t),图 5-6 下半部分曲线就是 NS1251C 型 125 t 铁路起重机的起重量曲线。

(2)起升高度曲线——表示最大起升高度随幅度改变的曲线。直角坐标系的横坐标为幅度(m),纵坐标为起升高度(m),图 5-6 上半部分曲线就是 NS1251C 型 125 t铁路起重机的起升高度曲线。

(3)起重特性曲线——表示臂架型起重机起重作业性能的曲线。由起重量曲线和起升高度曲线组成。图 5-6 为 NS1251C 型 125 t 铁路起重机的起重特性曲线。

根据起重机的稳定条件,当吊臂俯降,工作幅度增大时,起重量必然相应减少。若令

$$G(b+c) + G_{bg}(b+e) - G_{bt}(R-b) = M_w \tag{5-15}$$

代入式(5-5),则该式可改写为

$$P_Q \leqslant \frac{G(b+c) + G_{bg}(b+e) - G_{bt}(R-b)}{1.4(R-b)} \tag{5-16}$$

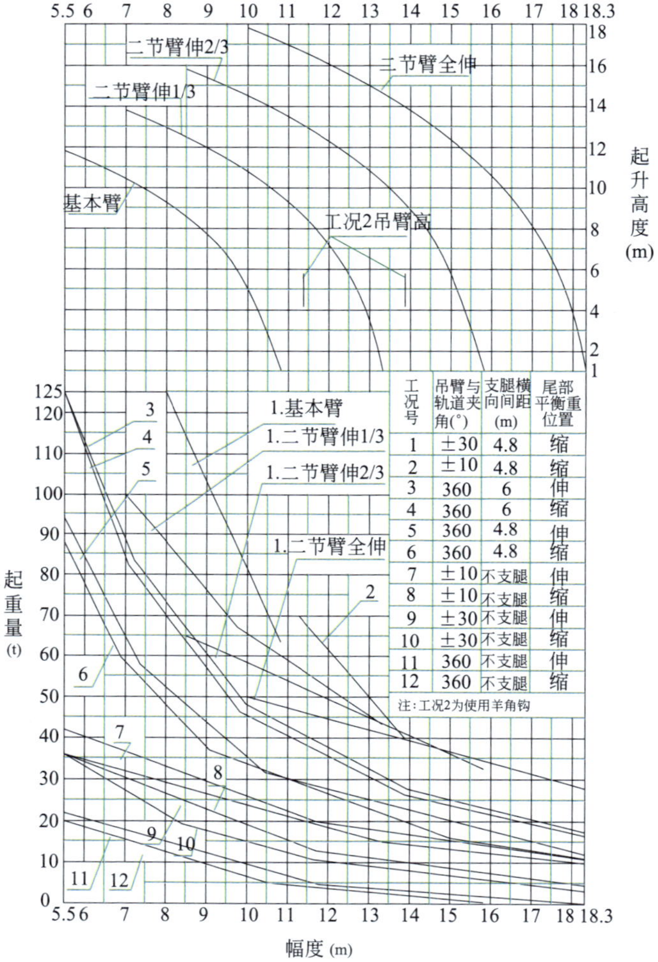

图 5-6　NS1251C 型 125 t 铁路起重机的起重特性曲线

式(5-16)中 e 为吊臂下铰点轴中心至起重机回转中心的水平距离，如图 5-3 所示；G_{bt} 与 G_{bg} 分别为换算至吊臂头部和根部的吊臂自重。

对于铁路起重机，b、c、e、G、G_{bg} 和 G_{bt} 均已设定不变，式(5-16)中起重量 P_Q 只能随幅度 R 的改变而改变，当 R 增大时，起重量 P_Q 减小，如图 5-7 中的曲线 1 所示。当 $R \leqslant b$ 时，取物装置上的载荷重心在起重机的支承轮廓之内，从稳定性的角度分析，此时的起重量可以是无穷大。

但铁路起重机的起重能力不仅仅由整机稳定性决定，它还要考虑机构和吊臂的承载能力。机构的承载能力与幅度的变化无关，如图 5-7 中与横坐标平行的直线 2 所示。吊臂承载能力与幅度有关，如图 5-7 的曲线 4 所示。起重机的起重量曲线 3 是抗倾覆稳定性曲线 1 和吊臂承载能力曲线 4 的包络线。曲线 3 与横坐标轴所包容的面积表示起重机安全工作范围。

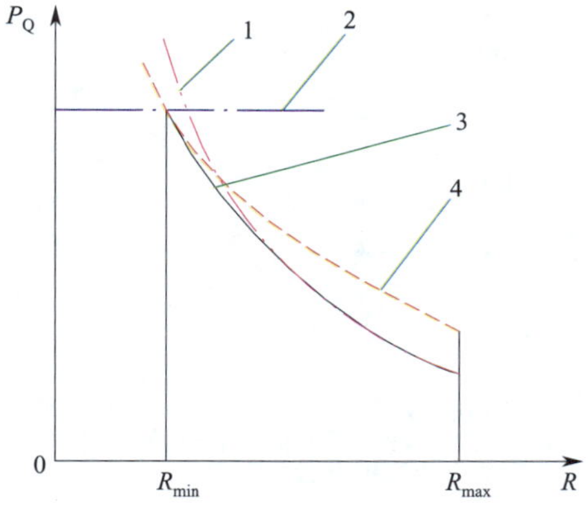

图 5-7　起重量与幅度的关系图

1—由抗倾覆稳定性决定的起重量；

2—由机构承载能力决定的起重量；

3—起重机的起重量曲线；

4—由吊臂承载能力决定的起重量

若起重机各部分的位置和质量、支腿间距、平衡重的数量和位置等均已确定，则在一定吊臂长度下，改变幅度（R）值，可求得不同的起重量（P_Q）值，据此绘出起重量曲线。不同的臂长可绘出不同的起重量曲线。图 5-6 中的第 1 种工况共有 4 条曲线，分别为基本臂、二节臂伸出 1/3、2/3 和全伸出等 4 种臂长所绘出的起重量曲线。可以明显地看出，在同一幅度下，吊臂越长则起重量下降越快。

为简化起重量曲线和力矩限制器功能，便于操作和使用，除满足特定（合同中技术规范要求）的起重量/幅度要求而不得不给出不同臂长的起重量曲线外，往往将不同臂长的起重量曲线合并成一条曲线。只要幅度相同，不论吊臂长短，额定起重量均相同。当然，这样处理使得起重量曲线上很多点潜在的起重能力不能得到充分发挥。

5.9　起重量编码模式

随着铁路起重机伸缩式平衡重技术和平衡重独立回转等新技术的开发和推广，现代铁路起重机影响稳定性的因素越来越多，起重量曲线已难以全面准确地表达起重机的起重能力。随着计算机技术的发展，从 20 世纪 90 年代开始，开发了以计算机技术为基础的起重量编码模式代替起重量曲线，取得了较好的实用效果。

以 Kirow 公司 21 世纪初生产的 KRC810UK 型铁路起重机为例，该机具有伸缩式吊臂、伸缩式平衡重尾部半径可在6～12 m 分 5 挡计算、两组 4 轴转向架（车轮支承点分别编号为 R_1、R_2、R_3、R_4）和 4 组支腿（编号为 A、B、C、D），如图 5-8 所示。

起重量编码模式是基于 EXCEL 计算程序，通过文件名为“KRC810UK. xls”的软件进行操作的。在对带“★”号的方框内输入起升载荷 P(t)、载荷重心至起重

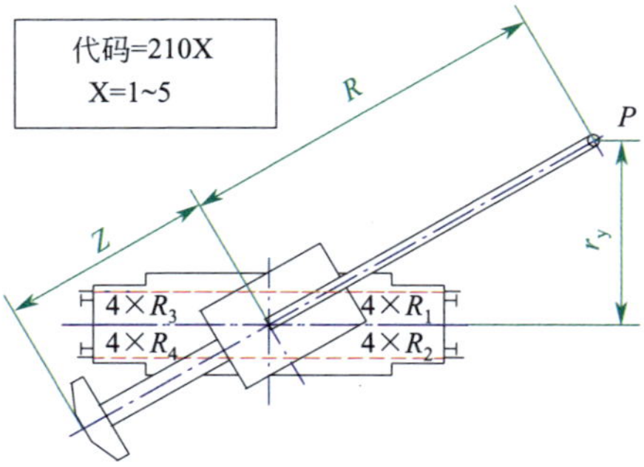

(a) 平衡重跟随回转(第1位数,代码=2);有平衡重(第2位数,代码=1);不用支腿(第3位数,代码=0);尾部半径=Z(第4位数,代码1~5)

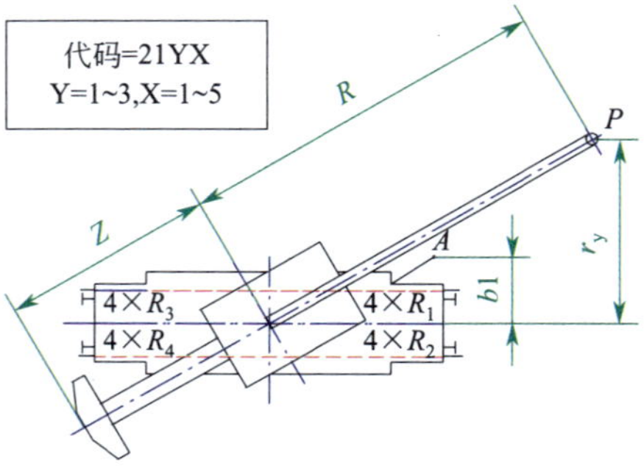

(b) 平衡重跟随回转(第1位数,代码=2);有平衡重(第2位数,代码=1);使用1组支腿,横向间距=b1(第3位数,代码4~6);尾部半径=Z(第4位数,代码1~5)

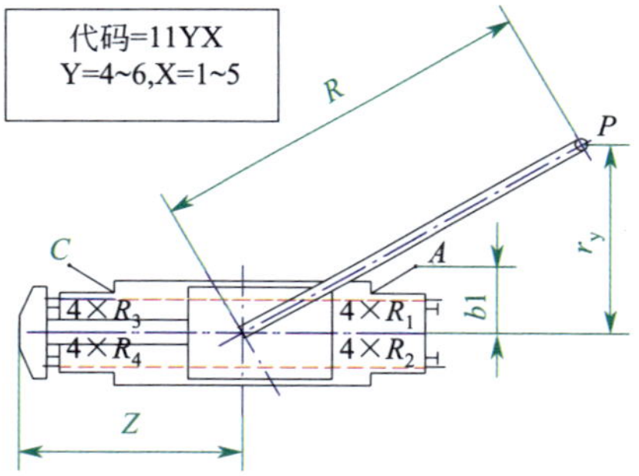

(c) 平衡重保持在顺轨方向(第1位数,代码=1);有平衡重(第2位数,代码=1);使用1侧2组支腿,横向间距=b1(第3位数,代码=4~6);尾部半径=Z(第4位数,代码=1~5)

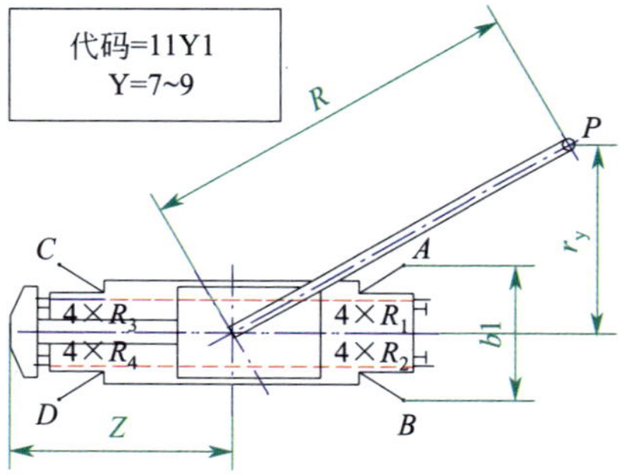

(d) 平衡重保持在顺轨方向(第1位数,代码=1);无平衡重(第2位数,代码=0);使用全部4组支腿,横向间距=b1(第3位数,代码=7~9);尾部半径=Z=6.0 m(第4位数,代码=1)

图 5-8　起重量编码示意图

机中心的半径(即幅度)R(m)、载荷重心至轨道中心的横向水平距离 r_y 和起升机构滑轮组倍率(KRC 810 UK 型铁路起重机设有 2×1、2×2 和 2×4 等 3 种可供选择的倍率)等 4 个数据后,即可在显示屏上出现操作模式表(表 5-5),表内开列了所有可供选择的操作模式代码。按照作业要求和周围环境条件,选择最适用的操作模式代码。如作业对象的移动范围在顺轨方向一侧 20°内,则可选择使用 1 条支腿,支腿支承点中心距回转中心的横向水平距离 2.35 m[图 5-8(b)中的 b_1],平衡重全缩(R6 m)并跟随回转,其操作模式代码为 2111。将此代码输入到表 5-5 带"★"号的操作模式代码方框内,屏幕立即会显示起重量表(表 5-6),起重量表左侧为该工况下的全部起重性能,同时显示载荷重心至轨道中心的横向水平距离与平衡重最外侧端至轨道中心的横向水平距离,这两项起重机前后端的水平距离,便于

表 5-5　KRC 810 UK 型铁路起重机操作模式表

工况计算

载荷	P〔t〕	★ 40. 0 t	钢丝绳倍率	2× ★ 4	(2×1;2×2;2×4)
幅度	R〔m〕	★ 12. 00 m	≥max. P	100 t	
与轨道中心的横向水平距离	r_y〔m〕	★ 3. 00 m	操作模式代码	★ 2111	
	≥回转角度	14. 5°			

主操作模式(第 1 位数)			1	平衡重保持在顺轨方向					2	平衡重跟随回转				
支腿情况（第 3 位数）		Z≥ b1 ↓	有无平衡重(第 2 位数)/ 尾部半径(第 4 位数)						有无平衡重(第 2 位数)/尾部半径(第 4 位数)					
			无	有					无	有				
			6. 00 m	6. 00 m	7. 50 m	9. 00 m	10. 50 m	12. 00 m	6. 00 m	6. 00 m	7. 50 m	9. 00 m	10. 50 m	12. 00 m
			1	1	2	3	4	5	1	1	2	3	4	5
0	不用支腿	—	—	—	—	—	—	—	—	—	—	—	—	—
1	用 1 组支腿	2. 35 m	—	1111	1112	1113	1114	1115	—	2111	—	—	—	—
2		2. 00 m	—	1121	1122	1123	1124	1125	—	2121	—	—	—	—
3		1. 50 m	—	—	—	—	—	—	—	—	—	—	—	—
4	用 1 侧 2 组支腿	2. 35 m	—	1141	1142	1143	1144	1145	—	2141	—	—	—	—
5		2. 00 m	—	1151	1152	1153	1154	1155	—	2151	—	—	—	—
6		1. 50 m	—	—	—	—	—	—	—	2161	—	—	—	—
7	用全部 4 组支腿	4. 70 m	—	1171	1172	1173	1174	1175	—	2171	2172	2173	2174	2175
8		4. 00 m	—	1181	1182	1183	1184	1185	—	2181	2182	2183	2184	2185
9		3. 00 m	—	—	—	—	—	—	—	2191	2192	2193	—	—

注:带“★”者为需要输入的数据。

表 5-6　KRC 810 UK 型铁路起重机起重量表

操作模式代码	2111		
主要操作模式	平衡重跟随旋转	平　衡　重	有
支承状况	用 1 条支腿，横向间距 2.35 m	尾部半径	6.0 m

回转角度	0°	2°	3°	5°	8°	10°	12°	15°	17°	20°
幅度	起　重　量 载荷重心至轨道中心的横向水平距离									
8.0 m	69.2 t	69.2 t 0.3 m	69.2 t 0.4 m	69.2 t 0.7 m	69.2 t 1.1 m	69.2 t 1.4 m	69.2 t 1.7 m	69.0 t 2.1 m	50.0 t 2.3 m	25.0 t 2.7 m
9.0 m	65.4 t	65.4 t 0.3 m	65.4 t 0.5 m	65.4 t 0.8 m	65.4 t 1.3 m	65.4 t 1.6 m	65.4 t 1.9 m	65.4 t 2.3 m	50.0 t 2.6m	25.0 t 3.1 m
10.0 m	57.6 t	57.6 t 0.3 m	57.6 t 0.5 m	57.6 t 0.9 m	57.6 t 1.4 m	57.6 t 1.7 m	57.6 t 2.1 m	57.6 t 2.6 m	50.0 t 2.9 m	25.0 t 3.4 m
11.0 m	51.4 t	51.4 t 0.4 m	51.4 t 0.6 m	51.4 t 1.0 m	51.4 t 1.5 m	51.4 t 1.9 m	51.4 t 2.3 m	51.4 t 2.8 m	50.0 t 3.2 m	25.0 t 3.8 m
12.0 m	46.4 t	46.4 t 0.4 m	46.4 t 0.6 m	46.4 t 1.0 m	46.4 t 1.7 m	46.4 t 2.1 m	46.4 t 2.5 m	46.4 t 3.1 m	46.4 t 3.5 m	25.0 t 4.1 m
13.0 m	42.4 t	42.4 t 0.5 m	42.4 t 0.7 m	42.4 t 1.1 m	42.4 t 1.8 m	42.4 t 2.3 m	42.4 t 2.7 m	42.4 t 3.4 m	42.4 t 3.8 m	25.0 t 4.4 m
14.0 m	38.7 t	38.7 t 0.5 m	38.7 t 0.7 m	38.7 t 1.2 m	38.7 t 1.9 m	38.7 t 2.4 m	38.7 t 2.9 m	38.7 t 3.6 m	38.7 t 4.1 m	25.0 t 4.8 m
15.0 m	35.8 t	35.8 t 0.5 m	35.8 t 0.8 m	35.8 t 1.3 m	35.8 t 2.1 m	35.8 t 2.6 m	35.8 t 3.1 m	35.8 t 3.9 m	35.8 t 4.4 m	25.0 t 5.1 m
16.0 m	33.0 t	33.0 t 0.6 m	33.0 t 0.8 m	33.0 t 1.4 m	33.0 t 2.2 m	33.0 t 2.8 m	33.0 t 3.3 m	33.0 t 4.1 m	33.0 t 4.7 m	25.0 t 5.5 m
17.0 m	30.5 t	30.5 t 0.6 m	30.5 t 0.9 m	30.5 t 1.5 m	30.5 t 2.4 m	30.5 t 3.0 m	30.5 t 3.5 m	30.5 t 4.4 m	30.5 t 5.0 m	25.0 t 5.8 m
18.0 m	28.1 t	28.1 t 0.6 m	28.1 t 0.9 m	28.1 t 1.6 m	28.1 t 2.5 m	28.1 t 3.1 m	28.1 t 3.7 m	28.1 t 4.7 m	28.1 t 5.3 m	25.0 t 6.2 m
19.0 m	25.7 t	25.7 t 0.7 m	25.7 t 1.0 m	25.7 t 1.7 m	25.7 t 2.6 m	25.7 t 3.3 m	25.7 t 4.0 m	25.7 t 4.9 m	25.7 t 5.6 m	25.0 t 6.5 m
20.0 m	24.0 t	24.0 t 0.7 m	24.0 t 1.0 m	24.0 t 1.7 m	24.0 t 2.8 m	24.0 t 3.5 m	24.0 t 4.2 m	24.0 t 5.2 m	24.0 t 5.8 m	24.0 t 6.8 m
	平衡重最外端至轨道中心的横向水平距离									
	1.30 m	1.51 m	1.61 m	1.82 m	2.12 m	2.32 m	2.52 m	2.81 m	3.00 m	3.27 m

载荷计算

载荷 P ★ 40.0 t

幅度 R ★ 12.00 m

载荷重心与轨道中心的横向水平距离 r_y ★ 3.00 m

≥回转角度 14.5°

容许载荷 46.4 t

利用率 86%

剩余起重能力 6.4 t

轮压	R1	R2	R3	R4
	(t)			
有载	11.9	11.9	5.2	5.2
无载	4.2	9.3	7.5	12.6

支承反力	A			
	(t)			
有载	38.1	—	—	—
无载	—	—	—	—

注：带★者为需要输入的作业数据。

操作者权衡对周围环境是否产生的干涉和影响；表的右侧，在输入 P、R 和 r_y 等 3 个数据后，显示起重能力利用情况和理论计算的轮压与支腿的支承反力，以评估选定的起重量条件对起重机和环境条件的适应性，保证起重机安全快捷作业。

我国从 Kirow 公司进口的 160 t 和 200 t 铁路起重机亦采用与上述机型相似的操作模式表和起重量表。以 160 t 起重机为例，表 5-7 为其操作模式表，4 位数的编码所代表的意义与图 5-8 相同。最末一列（第 4 位数为 5 的一列）仅供计算机控制用。表 5-7 中有效的操作模式有 51 种。在实际运用中，特别是铁路事故救援中，为力求稳妥安全，使用支腿支承的方式和支腿间距的选择都比较单一，操作模式的选择将更简化一些。表 5-8 是操作模式编码为 1224 的起重量表，表中的加粗数字提供了幅度、回转/摆动角度和起重量等起重性能，第一列各单元格的右下角还注明了有效幅度数值；表内各起重量值的右下角，标明载荷中心距轨道中心的水平距离值；最下面一行显示上车尾部平衡重最外端距轨道中心的水平距离。这些数据对确定起重机高效安全作业有重要指导作用。

表 5-7　NS1600 型 160 t 铁路救援起重机操作模式总表

主要操作模式				上车在顺轨方向 1				上车回转 2			
				平衡重尾部半径				平衡重尾部半径			放下位
	★ 转向架加支承			7.00 m 1	10.00 m 2	12.00 m 3	12.0 m★ 4	7.00 m 1	10.00 m 2	12.00 m 3	7.00 m 5
平衡重	支承情况编码										
无（平衡重放下位）	0	不使用支腿	支腿横向间距	1001				2001			2005
	1	使用一组支腿	3.90 m	1011							
	2		3.0～3.9 m	1021							
	3		2.0～3.0 m	1034							
	4	使用一侧支腿	3.90 m	1041							
	5		3.0～3.9 m	1051							
	6		2.0～3.0 m	1061							
	7	使用全部支腿	3.90 m					2071			2075
	8		3.0～3.9 m					2081			2085
	9		2.0～3.0 m					2091			2095

续上表

主要操作模式				上车在顺轨方向 1				上车回转 2			
				平衡重尾部半径				平衡重尾部半径			放下位
	★ 转向架加支承			7.00 m 1	10.00 m 2	12.00 m 3	12.0 m★ 4	7.00 m 1	10.00 m 2	12.00 m 3	7.00 m 5
平衡重	支承情况编码										
12 有 (挂上平衡重)	0	不使用支腿		1201	1202	1203	1204	2201	2202	2203	2205
	1	使用一组支腿	3.90 m	1211	1212	1213	1214				
	2		3.0～3.9 m	1221	1222	1223	1224				
	3		2.0～3.0m	1231	1232	1233	1234				
	4	使用一侧支腿	3.90 m	1241	1242	1243	1244				
	5		3.0～3.9 m	1251	1252	1253	1254				
	6		2.0～3.0 m	1261	1262	1263	1264				
	7	使用全部支腿	3.90 m					2271	2272	2273	2275
	8		3.0～3.9 m					2281	2282	2283	2285
	9		2.0～3.0 m					2291	2292	2293	2295
9	0	不使用弹簧闭锁装置下行走									2905

表 5-8　NS1600 型 160 t 铁路起重机起重量表

操作模式			
1	2	2	4

主要操作模式：　1　　支承条件：　使用 1 组支腿　　支腿间距(横向)：3.0～3.9 m

平衡重：　有　　使用转向架的附加支撑　　尾部半径：12.00 m

	回转/摆动角度										
	0°	2°	5°	10°	15°	20°	25°	30°	45°	60°	90°
幅度(m) 有效幅度(m)	起重量(t) 载荷重心到轨道中心的横向水平距离(m)										
7.00 0.00	120.0 0.00	120.0 0.24	120.0 0.61	120.0 1.22	120.0 1.81						
8.00 0.50	120.0 0.00	120.0 0.28	120.0 0.70	120.0 1.39	120.0 2.07						
9.00 1.50	120.0 0.00	120.0 0.31	120.0 0.78	120.0 1.56	120.0 2.33						

续上表

幅度(m) 有效幅度(m)	回转/摆动角度 0°	2°	5°	10°	15°	20°	25°	30°	45°	60°	90°
	起重量(t) 载荷重心到轨道中心的横向水平距离(m)										
10.00 2.50	118.0 0.00	118.0 0.35	118.0 0.87	118.0 1.74	118.0 2.59						
11.00 3.50	110.0 0.00	110.0 0.38	110.0 0.96	110.0 1.91	110.0 2.85						
12.00 4.50	102.0 0.00	102.0 0.42	102.0 1.05	102.0 2.08	102.0 3.11						
13.00 5.50	95.0 0.00	95.0 0.45	95.0 1.13	95.0 2.26	95.0 3.36						
14.00 6.50	90.0 0.00	90.0 0.49	90.0 1.22	90.0 2.43	90.0 3.62						
15.00 7.50	85.5 0.00	85.5 0.52	85.5 1.31	85.5 2.60	85.5 3.88						
16.00 8.50	80.5 0.00	80.5 0.56	80.5 1.39	80.5 2.78	80.5 4.14						
17.00 9.50	76.5 0.00	76.5 0.59	76.5 1.48	76.5 2.95	76.5 4.40						
18.00 10.50	73.5 0.00	73.5 0.63	73.5 1.57	73.5 3.13	73.5 4.66						
19.00 11.50	70.5 0.00	70.5 0.66	70.5 1.66	70.5 3.30	70.5 4.92						
20.00 12.50	70.0 0.00	70.0 0.70	70.0 1.74	70.0 3.47	70.0 5.18						
21.00 13.50	66.0 0.00	66.0 0.73	66.0 1.83	66.0 3.65	66.0 5.44						
22.00 14.50	62.0 0.00	62.0 0.77	62.0 1.92	62.0 3.82	62.0 5.69						
23.00 15.50	58.0 0.00	58.0 0.80	58.0 2.00	58.0 3.99	58.0 5.95						
24.00 16.50	56.0 0.00	56.0 0.84	56.0 2.09	56.0 4.17	56.0 6.21						
24.50 17.50	55.0 0.00	55.0 0.86	55.0 2.14	55.0 4.25	55.0 6.34						
	平衡重最外端至轨道中心的横向水平距离										
	1.60	1.60	1.60	1.60	1.60						

第 6 章　铁路救援起重机的支承反力

铁路救援起重机工作时，支承装置所受的垂直作用力称为支承反力。当起重机不使用支腿作业时，支承装置是车轮；当起重机使用支腿作业而车轮抬离轨面时，支承装置是支腿。确定了支承反力即可计算相应的轮压或支腿压力。

在设计铁路起重机时，通常只需计算各种工况下支承反力的最大值和最小值。最大支承反力用于机构零部件及相关金属结构的强度计算，确定每个支承点的车轮数目和尺寸。最小支承反力用于车轮黏着力（打滑）验算和验算车轮或支腿是否离地。

根据结构和使用要求，起重机有三点支承式和四点支承式两种，而绝大多数的起重机为四点支承式。四点支承式支承反力的计算属于超静定问题，支承反力的分配不仅与载荷有关，还取决于车架的刚性、轨道或路基的弹性和平整度等许多因素，实际计算时，根据车架、轨道或路基的刚性及变形情况，采取所谓刚性车架和铰接车架两种假设，将超静定问题简化为静定求解。

1. 刚性车架的假设（图 6-1）

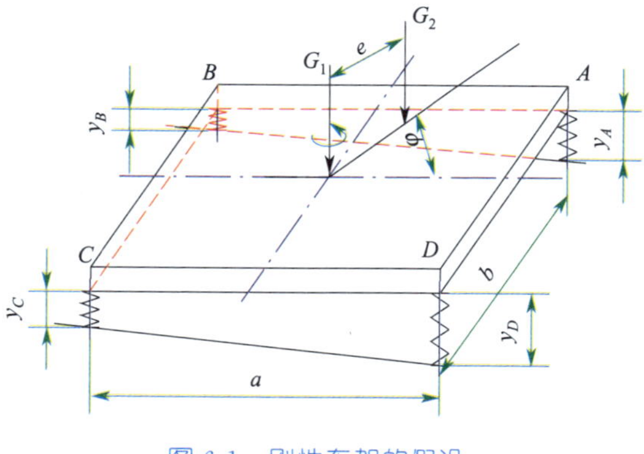

图 6-1　刚性车架的假设

这种假设认为车架是一个绝对刚体，在载荷作用下，即使四个支承有不同程度的变形，但车架的 4 个支承点始终保持在同一平面上。

2. 铰接车架的假设(图 6-2)

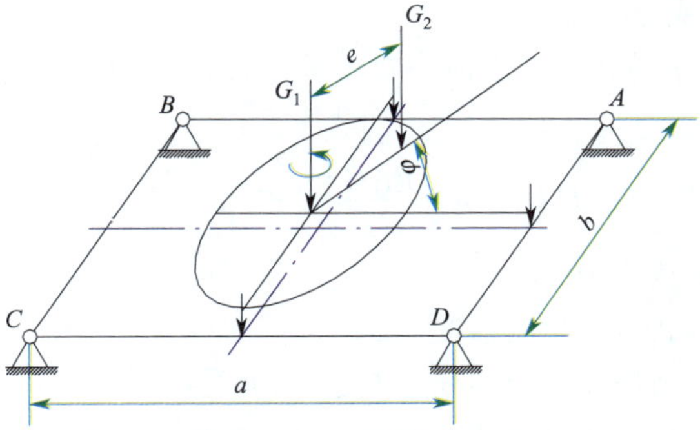

图 6-2　铰接车架的假设

这种假设将车架视同四根简支梁构成的平面铰接框架,四支承点是框架的铰支座。在载荷作用下,四支承点 A、B、C、D 随基础的变形发生位移,不再保持在同一平面上。

实际上的车架变形往往介于刚性和铰接之间,通过计算比较,支承反力值按刚性车架假设或铰接车架假设的计算结果差异不大,按刚性车架假设计算已能满足起重机所要求的精确度。所以,本章仅介绍刚性车架假设计算。

6.1　四支点式的支承反力

起重机车架由 A、B、C、D 四点支承,如图 6-3 所示,其非回转部分(下车)重力为 G_1,重心在支承面上投影与支承平面形心重合于 O_1。包括外载荷、吊臂在内的

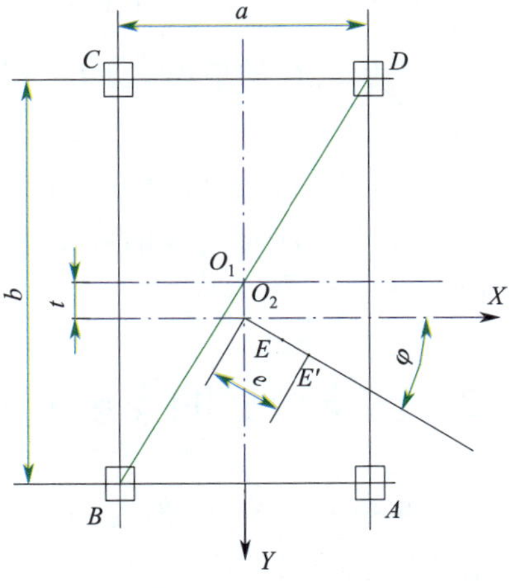

图 6-3　四支点式支承反力计算

起重机回转部分(上车)的总重力为 G_2，重心在支承面上投影为 E，回转中心为 O_2，吊臂与 X 轴的夹角为 φ。

起重机所受水平力在吊臂平面内对支承表面产生的力矩为 M_H，使上车合力作用点由 E 移到 E'。

$$E'O_2=e=\frac{P_QR+\sum g_il_i+M_H}{\sum g_i+P_Q}$$

式中 P_Q——起升载荷为(N)；

R——起升载荷的相应幅度(m)；

$\sum g_i$——上车结构和机构部分重力之和，而 $\sum g_i+P_Q=G_2$；

l_i——上车结构和机构部分的重心至回转中心的距离；

M_H——在吊臂平面内由水平力产生的力矩。

则刚性车架各支承点的垂直反力分别为：

$$R_A=\frac{G_1}{4}+\frac{G_2}{4}(1+\frac{2t}{b})+\frac{G_2e\sin\varphi}{2b}+\frac{G_2e\cos\varphi}{2a} \tag{6-1}$$

$$R_B=\frac{G_1}{4}+\frac{G_2}{4}(1+\frac{2t}{b})+\frac{G_2e\sin\varphi}{2b}-\frac{G_2e\cos\varphi}{2a} \tag{6-2}$$

$$R_C=\frac{G_1}{4}+\frac{G_2}{4}(1-\frac{2t}{b})-\frac{G_2e\sin\varphi}{2b}-\frac{G_2e\cos\varphi}{2a} \tag{6-3}$$

$$R_D=\frac{G_1}{4}+\frac{G_2}{4}(1-\frac{2t}{b})-\frac{G_2e\sin\varphi}{2b}+\frac{G_2e\cos\varphi}{2a} \tag{6-4}$$

以上各支点反力都是吊臂方位角 φ 的函数。其最大最小值可直接由极值条件 $\frac{\mathrm{d}R}{\mathrm{d}\varphi}=0$ 求出。当 $\varphi=\tan^{-1}\frac{a}{b}$ 代入(6-1)式，即可求出支承点 A 的最大支承反力 $R_{A\max}$；代入(6-3)式，即可求出支承点 C 的最小支承反力 $R_{C\min}$。

由以上计算可以得出两条结论。

(1)吊臂的轴线与支承平面支承点的对角线垂直时，吊臂下方的支承点的反力最大。

(2)不论吊臂的位置如何，支承平面对角线的两支承点的反力之和恒等，其值等于起重机总重(G_1+G_2)的一半。

6.2 三支点式的支承反力

铁路救援起重机一般均为四支点式支承，但若一个支点的反力按四支点式支承计算出现零值或负值时，或者受载后四支点中有一个支点可能离地时，起重机实际上为三点支承。此时，按四支点支承计算反力的前提已不存在，必须按三支点式支承计算,如图6-4所示。假设图6-4中的D点离地或反力为零,则起重机由A、B、C三点支承,其各支承点的反力为:

$$R_A=\frac{G_1}{2}+\frac{G_2}{2}-\frac{G_2 e\sin\varphi}{a} \tag{6-5}$$

$$R_B=G_2\frac{t}{b}+\frac{G_2 e\sin\varphi}{a}+\frac{G_2 e\cos\varphi}{b} \tag{6-6}$$

$$R_C=\frac{G_1}{2}+\frac{G_2}{2}(1-\frac{2t}{b})-\frac{G_2 e\cos\varphi}{b} \tag{6-7}$$

当φ角不使上车重心超出支承平面ABC而$\sin\varphi$有最大负值时(吊臂处于位置Ⅰ),R_A有最大值。同理,当吊臂处于位置Ⅱ时,R_C有最大值。当吊臂轴线垂直于支承平面的对角线AC时(位置Ⅲ),R_B有最大值。

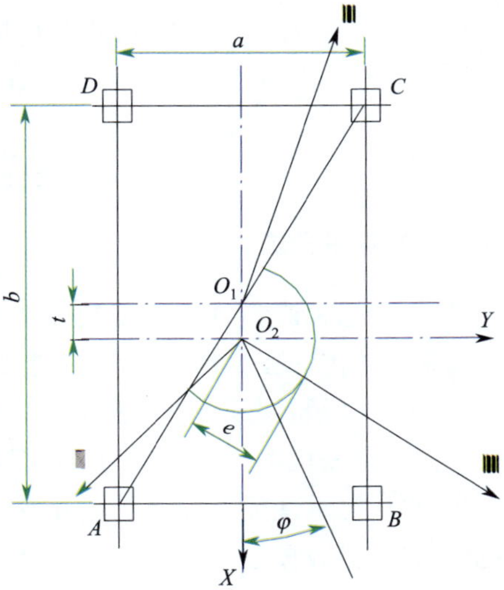

图6-4 三支点式支承反力计算

铁路起重机在起重机作顺轨极限摆角的静载试验(试验载荷为1.25倍额定起重量)时,允许一支腿抬起。在铁路行业标准《内燃铁路起重机检查与试验方法》(TB/T 3082—2003)中关于"前倾稳定性试验"里规定,起重机作顺轨的基本静载试验时,"当上车旋转到额定起重量所允许的角度时,观察吊臂反方向支腿(即后支腿)的支座是否离开地面,若抬起离开地面距离不大于50 mm时,说明起重机的前倾稳定性符合设计要求。"

国家标准《汽车起重机和轮胎起重机试验规范》(GB/T 6068—2008)中有比较详细的规定可供参考。汽车起重机静载试验(试验载荷为1.25倍额定起重量)合格判定标准之一是"臂架在规定作业范围内的任何位置,允许有一个支腿抬起,但其固定支腿最外缘的抬起量不应大于50mm。"在动载试验(试验载荷为1.1倍额定起重量)中规定,"臂架在正侧方或正后方时,允许有一个支脚松动,但不应抬离地面。"在额定载荷(试验载荷等于额定起重量)试验中规定,"最大额定载荷试验时,任何活动支腿不得离地,不得松动。"

以上标准都规定了在某种试验情况下,起重机允许有一组支腿抬离地面或松动,即出现三支点式支承。但都不允许在额定起重量范围内出现三支点式支承,以确保作业安全。

第7章　铁路救援起重机展望

由于我国铁路运输业在国民经济发展中的重要地位，我国铁路运输业始终保持强劲的发展势头，着眼于铁路运输业的现状和发展预测，以及对计算机、液压、新材料等相关技术领域发展的预期，提出以下铁路救援起重机发展的设想和展望。

7.1　提高整机使用性能方面

7.1.1　起重性能方面

救援起重机起重性能的提高要与机车车辆的大型化同步。机车车辆品种繁多，着重针对占保有量绝大多数的主型通用机车车辆。

有文献介绍，据统计在铁路机车车辆救援工作中，起复货车占救援作业总量的78%以上，起复机车占17%以上，客车和其他轨行设备不足5%。

因此从起重性能方面着手应开发一种具有一钩起复顺轨方向放置主型通用机车能力的铁路救援起重机，该起重机以起复25 t轴重机车（自重150 t）来确定其起重能力。这是一种起重能力巨大的救援起重机，适合配属在特别重要的铁路枢纽。

同时也可开发另一种起重能力相对较小的救援起重机。该起重机以起复顺轨方向放置的主型通用货车（27 t轴重的通用棚车为代表产品）来确定其起重能力，可配属在一般繁忙程度的铁路枢纽。

这两种起重机应都有吊起主型机车进行顺轨带载小角度摆动和360°回转的能力，但后者在整体起复顺轨方向放置事故机车时必须事先稍作挪动以达到规定的幅度。

7.1.2　提高吊臂带载伸缩能力

在电气化线路接触网下（不拆网）或在铁路的隧道和桥梁救援或施工，受限的空间不允许通过俯仰吊臂来改变幅度。在使用支腿的工况，载荷位移的唯一办法是依靠吊臂伸缩。

目前多数铁路起重机只允许额定载荷的1/3进行吊臂的带载伸缩，少数能够达到2/3。

随着伸缩臂钢结构和伸缩机构的优化以及摩擦块材质性能的提高，润滑系统的强化，铁路救援起重机具备吊臂全额带载伸缩能力可望分阶段的逐渐接近或达到。首先应新研发铁路救援起重机的带载伸缩能力，使其普遍达到额定起重量的2/3，然后逐步实现全额带载伸缩的目标。

7.1.3 研制配套的平衡重专用平车

为减少特大型救援起重机的回送自重、提高回送速度、减少起重机轴数，回送时将全部或部分平衡重置于专用平车上是行之有效的措施。要着重开发安全快速的平衡重拆装与位移机构，以及在曲线和坡道上的拆装方案。

7.1.4 扩展使用范围

在提高铁路救援起重性能的基础上，要适当考虑满足铁路线路和桥梁施工与维修的起重性能需求。使价格昂贵的特大型铁路救援起重机用途多样化，提高利用率，降低使用维护成本。

7.2 开发高速铁路救援起重机

我国高速铁路运行里程的快速增长，需要配套开发高速铁路救援起重机。在运营客运专线中，高架桥梁的比重多数均在50%以上。按照高速铁路的路基、上部建筑、轴重和高架桥梁的特点，突破起重机转向架、支腿、伸缩式吊臂、伸缩式平衡重等传统结构，探索适合高速铁路救援起重机的新思路和新结构。

1. 高架桥梁上不使用支腿顺轨一钩起复最长动车(车长28.6 m，重54.8 t)的起重性能。
2. 适应高架桥梁上使用支腿的新结构。
3. 小轴重、高回送速度的起重机专用转向架。
4. 同时适应高速铁路和既有铁路救援需要的新颖结构。

7.3 结构、机构与系统方面

7.3.1 进一步减轻伸缩式吊臂的自重

伸缩式吊臂自重对于铁路救援起重机整机性能，特别是起重性能有着密切关系，吊臂自重大则起重性能趋低。进一步减轻伸缩式吊臂的自重，始终是伸缩臂式铁路救援起重机设计的重要课题。

随着计算技术和工艺水平的进步，采用更高强度等级的优质结构钢和更加合理的断面形状，改进吊臂伸缩机构和变幅机构等措施，有望使吊臂自重得到进一步减轻。

7.3.2 新型起重机专用转向架

研制轴重 23～25 t，轴距小，回送速度 160 km/h，动力学性能良好，采用 ASR 防滑控制技术，无轴箱、盘型制动和集成制动等先进技术的新型铁路救援起重机专用转向架。

7.3.3 开发大行程伸缩式平衡重及平衡重独立回转等新技术

开发大行程伸缩式平衡重及平衡重独立回转等新技术，可有效地提高起重性能，降低支腿反力。

7.3.4 采用先进的控制和液压技术

1. 采用液—电智能化传动及控制系统。

2. 液压系统用不锈钢管系和技术先进的“EO2”管型接头技术；选用各季节通用、高品质可降解、高黏度指数的合成液压油，延长液压油的使用周期，解决液压系统的泄漏和锈蚀问题，达到安全可靠、降低维护和修理成本。

7.3.5 支腿作业的机械化和快速化

使用支腿作业是铁路救援起重机的主要作业方式，坚实牢固的支腿基础是效率与安全作业的重要保证。打好支腿基础是一个耗时长、体力劳动强度大的作业。

研究支腿接地垫充物的轻量化，扩大接地面积，降低接地压力，并利用起重机本身的机构或专门设置的附属机具，机械化地将垫充物一次或几次整体运搬到位，达到支腿操作的机械化和半自动化。作业结束后，收回垫充物、支腿恢复原始状态的作业亦应机械化与半自动化。

7.3.6 起重机地面遥控

由于无线数据传输与计算机技术的进步，起重机械的无线遥控系统得到发展。某些起重机械遥控系统的实践，证明系统运转准确灵活、安全可靠。

运用比例信号以控制电—液压等线性执行机构，使用数据反馈信号监测起重机的工作状态，实现起重机的全面遥控是有可能达到的。

起重机遥控对于小型铁路起重机在较短距离内循环反复作业和铁路救援起重机使用支腿作业等工况，会有很好的效果。可能 1 人同时控制 2 台铁路救援起重机作业，由于操作人员只需携带轻巧的发射器，在一些恶劣和危险的环境下，操作人员可自由走动并选择最安全、视觉最佳的位置实行控制，从而消除由于视觉不清、环境恶劣、指挥与其他人员配合不当及联络失误等因素造成的事故，既有利于安全生产，又提高了起重机的工作效率。

第 8 章　运用管理、维护保养及故障处理

正确的使用和完善的管理可使铁路救援起重机经常处于最佳状态，充分发挥其效率，延长其使用寿命。

为便于阐述和理解，本章有关铁路救援起重机运用管理、维护保养及故障处理，主要以国内普及率较高、结构较典型的 NS1601C/E 型 160 t 伸缩臂式液压铁路救援起重机为例进行说明，希望能够达到以点带面、触类旁通的效果。

随机提供的铁路救援起重机、吊臂平车及各主要配套机具（如柴油机、安全监控系统或力矩限制器、空调、液压泵和液压马达，行星减速器、回转支撑等）的技术资料，在技术细节上的叙述和规定方面可能更为详尽，在资料的更新上更加及时，所以在阅读本书的同时，不应忽略随机资料的学习。

铁路救援起重机司机应经培训并考试合格。司机应熟悉下述知识：所操纵起重机各机构和结构的构造、各系统工作原理、技术性能、起重机操作规程、有关规程和法令、安全运行要求、安全与防护装置的性能、柴油机、液压、空气、电气和安全监控的基本知识、指挥信号以及保养与基本的维修知识。

8.1　运用管理

8.1.1　运用前的要求

8.1.1.1　检查整机各部位是否有缺失和损坏的元件，各法兰和连接处的紧固情况，各管接头是否存在松弛和渗漏现象，并采取相应的措施。

8.1.1.2　按规定向液压油箱中加注液压油，油位不应低于油箱高度的 3/4。加注液压油时要通过滤油车进行过滤，其滤油精度为 10～20 μm。加注前，液压油应静置 24 h 以上，吸油管距桶底距离不少于 150 mm，以避免将油中的水分及杂质吸入油箱。第一次使用时，还应从液压马达的泄油孔加入足量的液压油，以润滑轴承。

8.1.1.3　向柴油箱中加注柴油，油位不低于油箱高度的 3/4，其标号应符合随机提供柴油机技术资料的有关规定。柴油在加注前最少静置 24 h 以上，吸油管距桶底距离不少于 150 mm，以避免将油中的水分及杂质吸入油箱。

8.1.1.4 检查柴油机润滑油油位。润滑油标号符合随机提供柴油机技术资料的规定。

8.1.1.5 检查起升、回转和走行减速机的润滑油油位。润滑油的规格牌号应符合随机提供技术资料的规定或符合表 8-4“减速器润滑表”有关规定。

8.1.1.6 水冷柴油机按季节加足冷却液。

8.1.2 启动与使用

8.1.2.1 柴油机的使用

(1)启动前的检查

①检查启动电路的连接情况;检查蓄电池电量是否充足。

②检查进、排气管路,空压机接头,燃油油管接头,不得有渗漏。初次启动时,用手油泵排除燃油管路中的空气。

③初次启动时,还应向柴油机主风道和增压器加注 50～60 mL 与柴油机机油相同牌号的机油,防止启动瞬间缺油而烧损摩擦副。

④初次启动前应手摇或撬转曲轴 15～20 圈。

⑤检查停车电磁铁无卡滞;使用风控油门的设备应检查调速风缸运动灵活、无卡滞。

⑥检查传动三角胶带的松紧度,用拇指以 30～50 N 的压力向下压其中部,以能内移 10～15 mm 距离为宜。

(2)启动

①闭合总电源控制开关,接通主电路。

②断开控制油路开关,液压操纵手柄处于中立位,柴油机油门手柄置于怠速位。

③将钥匙插入启动开关,顺时针将启动开关旋到第Ⅰ挡,接通仪表电路,观察各仪表指示情况是否正常。

④顺时针将启动开关旋到第Ⅱ挡,接通启动电路,柴油机启动后立即松开,开关将自动恢复到第Ⅰ挡位置。如在 5 s 内未能成功启动,应立即释放启动开关,至少等 1 min 后再做第 2 次启动。如果连续 3 次启动失败,应查找原因,排除故障后再启动。

⑤启动后,机油压力低于 100 kPa,应停车检查调整。

⑥怠速[水冷柴油机(700±50)r/min;风冷柴油机(800±50)r/min]暖机运转 3～5 min。无异常,提升转速至 1 000 ～1 100 r/min,水冷柴油机水温高于 55 ℃,风冷柴油机缸温超过 100 ℃,机油温度均应高于 45 ℃时方可正常带载运转。

(3)运转

①不得突然加速和关机。

②不得在冷机状态下高速运转。

③尽量避免长时间怠速运转。

④采用手控或脚油门调整柴油机转速,以达到起重机所需要的转速和功率。

⑤水冷柴油机的水温或风冷柴油机的缸温及机油表,温度指针应在绿色区域内,当接近红色区域时,应适当关小油门,降低柴油机转速。若温度继续上升,到达显示柴油机过热的红色区域,应检查并排除故障。柴油机正常工作时,机油压力应在 100～780 kPa。

⑥柴油机正常的排气烟色是浅灰色,深浅程度随负荷及柴油机燃烧情况而不同。持续冒黑烟时须停机检查处理。

⑦经常观察柴油机正常工作时的运转数据,计算燃油及机油的消耗量,以判断柴油机是否正常工作,发现异常及时排除。

⑧柴油机工作时,不允许切断蓄电池电路,防止产生过电压损坏发电机及其他用电设备。

⑨单机高速或带载运转时,不得启动另一台柴油机。

(4)停机

①停机前,柴油机应在无负荷状态下,怠速运转 3～5 min,然后将启动开关转至零位。

②柴油机停机后,切断总电源开关,防止蓄电池经发电机磁场绕组放电,并损坏发电机。

③擦拭柴油机外表面的污物、尘土,紧固松动的紧固件,检查有无渗漏现象。

(5)冬季使用

①为保证冬季顺利启动柴油机,水冷柴油机需对机体内的冷却液及机油进行预热,风冷柴油机用火焰预热装置对进气道进行预热。冬季用燃油和机油的牌号应符合随机提供技术资料中的有关规定。

②如果冬季气温低于零度,水冷柴油机应使用防冻液。如果未使用防冻液,停机后打开机体上的所有放水阀将水排净。

(6)柴油机的磨合

新出厂或大修后柴油机至少需要 60 h 的磨合过程,其使用负荷一般不超过柴油机最大负荷的 80%。在磨合期内每 10 h 检查一次机油油面和油质。

8.1.2.2 电气和控制系统的使用及其他注意事项

起重机的电气及安全监控系统负责对柴油机、各机构和各系统进行控制、监视和保护，其使用步骤如下。

(1)作业前

①接通总电源控制开关，充电电源指示灯亮，蓄电池向电气及控制系统提供直流电源。从图 8-1 所示的左显示器观察柴油机技术参数和各系统(电气、液压、空气、控制)的工作情况，观察各系统报警指示灯的情况，发现异常应检查处理。

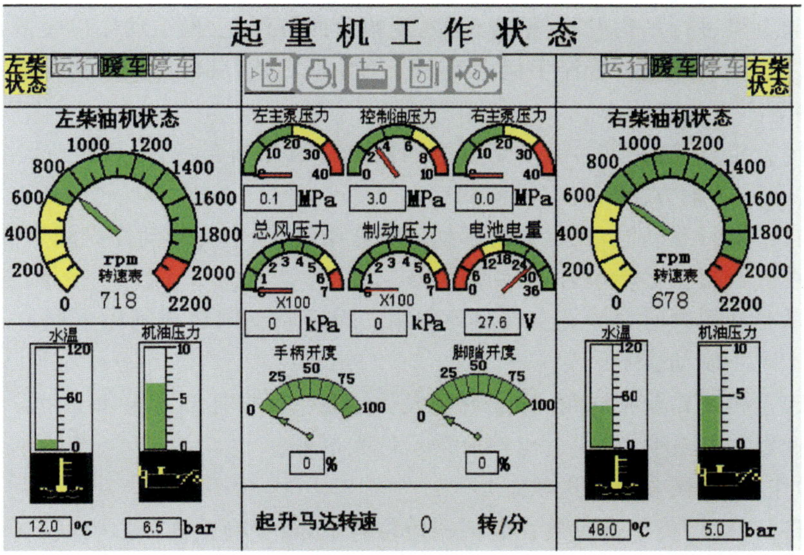

图 8-1　左显示器界面布置

②启动柴油机，控制系统将自动控制柴油机保持怠速工况运行，柴油上的发电机向蓄电池充电，充电电源指示灯熄灭。

③柴油机正常运转后，接通控制油路，同时接通安全控制系统电源，安全控制系统自动进行检测。观察各系统、各机构和各结构的工作状况。

④当柴油机的各技术参数达到正常工作范围、安全控制系统自检结束、各系统(电气、液压、空气、控制)的技术参数在正常工作范围内、各机构安全保护装置工作正常后，方可操纵起重机进行作业。

(2)作业

①首先根据现场实际情况，从控制系统中选择作业工况(是否使用支腿作业工况)。

②起重机与吊臂平车分离，关闭折角塞门，自力走行进入工作现场；将起重机

转台上的止摆定位销拔出,放在转台上的定位销孔内。

③起重机作业时可选用单机或双机工作。双机合流进行空载起升作业时,柴油机转速不得超过 1 400 r/min。

④使用支腿、挂放平衡重和均载液压缸时系统油压不超过 18 MPa,一般使用单台柴油机的转速在 1 200～1 400 r/min,双机在 1 000～1 200 r/min。检查底架的水平仪,调整支腿使车体不平度不大于 1°。

⑤带载起升不得使用合流。

⑥起重机进行吊钩升降、吊臂伸缩、变幅及回转作业,操纵动作应缓慢,不得急起急停。合流时应先将合流手柄推到合流位并锁定,然后再操纵吊钩升降、吊臂伸缩、变幅等实现快速动作。

⑦闭合走行挂齿开关,微动走行手柄使走行齿轮啮合后,方可走行;当起重机回转 180°后,手柄方向与走行方向相反。

⑧自力走行制动时,先将走行手柄放置在中立位,再将制动操纵阀手柄扳至制动位即可。当扳至运转位时,制动缓解。

⑨手制动轮顺时针旋转实现制动作用。将手制动闸轮与闸轮卡脱开,反向旋转即可实现手制动缓解。

⑩起重机动作前要鸣笛,提醒现场人员注意。根据外部光线和工作需要情况,打开作业警示灯或照明灯,发出作业警示灯光信号。

(3)作业后(恢复至回送状态)

①将前、后可拆平衡重放在底架相应位置上,将平衡重液压缸收回到位。

②起重机与吊臂平车连挂,吊臂全缩,转至吊臂平车方向。吊钩提升到适当位置,将转台与下车对正,在对中指示灯亮后,吊臂落下至水平位置,支好吊臂支杆,将吊钩放在吊钩滑板上。此时,钢丝绳应处于松弛状态,但不得与滑板接触。

③收回支腿及铝合金支座并穿好支腿及支座保险销。插好转台止摆定位销。

④断开挂齿开关,将走行小齿轮脱开到位。

⑤将均载液压缸全部收回到位。

⑥关闭柴油机和总电源开关,各操纵手柄均置于中立位;制动操纵阀手柄置于运转位。

⑦关好司机室、机械室门及百叶窗。

⑧将平车上的过渡踏板放置在平车内并定位。

⑨手制动轮置于缓解状态。

8.1.2.3 起重机不使用支腿作业

(1)均载液压缸处于顶出状态。

(2)作业地段的路基必须是坚实的。

(3)不能在曲线上工作。

(4)两股轨道必须保持水平,高度差不应大于 6 mm。

(5)只允许低速回转,操作应平稳,不得猛停、猛起。

(6)空载回转工况的限制条件:不挂平衡重,吊臂全缩,工作幅度 6.5~10 m;或只挂后平衡重铁,吊臂水平,二节臂伸出 1 m。

8.1.2.4 起重机使用支腿作业

(1)要使用安全支杆和支座。

(2)支腿间距(横×纵)有 3 种作业工况,即 4.8 m×11.38 m;6.0 m×10.60 m;3.5 m×11.77 m;前两种工况,使用可调整长度的安全支杆;随机还带有 4 组短固定支杆,在第三种工况下使用。

8.1.3 线路运输

铁路救援起重机往返工作现场或进出厂、段修理时,均要自轮运转并编挂在列车中或直接由机车牵引,无论哪种回送方式,起重机与吊臂平车必须连挂在一起。无特殊规定,铁路起重机不允许解体运输。铁路起重机在线路运输前和运输途中还应做好以下工作。

8.1.3.1 作业所用的材料、工具及各种装备,均收放到各自存放的位置。吊臂平车上放置物品的总重不应超过 5 t(不包括吊钩质量)。调整物品的放置位置,使吊臂平车转向架各弹簧的压缩量基本保持一致。

8.1.3.2 起重机与吊臂平车的车钩应可靠连接。

8.1.3.3 起重机与吊臂平车制动软管连接牢固,折角塞门处于打开状态。

8.1.3.4 起重机与吊臂平车连接,收回平车上过渡踏板并定位,车钩的钩提杆,手制动轮、机械室门、转台翻板、蓄电池箱盖板、工具箱门等用铁丝等捆扎结实,防止回送途中出现意外。

8.1.3.5 制动软管与列车或机车连接后,打开连接端折角塞门。

8.1.3.6 起重机禁止溜放。

8.1.3.7 起重机回送途中,吊臂两侧禁止人员逗留。

8.1.3.8 起重机在编组站停留时,押运人员应检查车钩连接处的连接情况,轴箱温度,转台止摆定位销,各液压缸回收情况,制动杠杆,闸瓦等状态,各门及翻板是否关好,随时消除不良现象。

8.1.3.9　起重机编挂在列车后部。

8.1.4　起重机作业时的技术参数

起重机正常作业时需要观察的技术参数见表 8-1。

表 8-1　起重机作业时的技术参数

<table>
<tr><td colspan="11">1　柴 油 机</td></tr>
<tr><td rowspan="2">水温(℃)
(水冷)</td><td colspan="2" rowspan="2">缸温(℃)
(风冷)</td><td colspan="5">机油</td><td colspan="3">转速(r/min)</td></tr>
<tr><td colspan="2">压力(kPa)</td><td colspan="3">最高油温(℃)</td><td colspan="2">双机空载合流起升</td><td>支腿、均载液压缸、挂平衡重</td></tr>
<tr><td>55～98</td><td colspan="2">100～150</td><td colspan="2">100～420</td><td colspan="3">70</td><td colspan="2">≤1 400</td><td>1 200～1 400(单机)
1 000～1 200(双机)</td></tr>
<tr><td colspan="11">2　液 压 系 统 压 力(MPa)</td></tr>
<tr><td colspan="2">控制油</td><td colspan="2">起升</td><td colspan="3">变幅</td><td colspan="2">伸缩</td><td colspan="2">回转</td></tr>
<tr><td colspan="2" rowspan="2">3</td><td colspan="2" rowspan="2">≤26.5</td><td>起</td><td colspan="2">落</td><td>伸</td><td>缩</td><td colspan="2" rowspan="2">≤26.5</td></tr>
<tr><td>≤28</td><td colspan="2">≤15</td><td>≤26</td><td>≤24</td></tr>
<tr><td colspan="2">走　行</td><td colspan="2">支　腿</td><td colspan="3">挂平衡重</td><td colspan="2">均载液压缸</td><td colspan="2"></td></tr>
<tr><td colspan="2">≤28</td><td colspan="2">≤18</td><td colspan="3">≤18</td><td colspan="2">≤10</td><td colspan="2"></td></tr>
<tr><td colspan="11">3　电 气 系 统</td></tr>
<tr><td colspan="2">电流(A)</td><td>电压(V)</td><td colspan="8">充电指示灯</td></tr>
<tr><td colspan="2" rowspan="2">30</td><td rowspan="2">DC 24</td><td colspan="5">未启动或怠速</td><td colspan="3">工作</td></tr>
<tr><td colspan="5">亮</td><td colspan="3">灭</td></tr>
<tr><td colspan="11">4　空 气 系 统</td></tr>
<tr><td colspan="6">总风缸压力(kPa)</td><td colspan="5">安全阀压力(kPa)</td></tr>
<tr><td colspan="6">630</td><td colspan="5">650</td></tr>
<tr><td colspan="11">5　制 动 系 统</td></tr>
<tr><td colspan="3">制动压力(kPa)</td><td colspan="4">制动缸行程 (mm)</td><td colspan="4">闸瓦间隙(mm)</td></tr>
<tr><td colspan="3">350</td><td colspan="4">85±15</td><td colspan="4">≈10</td></tr>
</table>

8.1.5　安全操作规则

起重机作业时应遵守以下安全操作规则。

8.1.5.1　起重量达到该工况幅度额定起重量的 80%以上时，在重物离开地面 100～200 mm 处停止起升，检查起升制动器是否可靠，支腿是否牢固稳定，无异常再继续作业。

8.1.5.2　吊重作业时，支腿的支承地面应坚实、平整并铺设枕木，使用支座板，调整支腿液压缸活塞杆的伸出长度，使车体调平。支腿液压缸活塞的伸出量以不大于 200 mm 为宜。车轮以抬离轨面 25 mm 左右为宜。

8.1.5.3　不得起吊埋置在地下的重物，禁止斜拉歪吊。

8.1.5.4　起重机禁止在曲线上不使用支腿作业。

8.1.5.5　不允许超载作业，在带载变幅或伸缩吊臂时，起重量一定要在允许的幅度范围内。

8.1.5.6　不得私自调整液压系统中多路阀上溢流阀的工作压力，以避免液压元件及机构的损坏。

8.1.5.7　起重机自力走行通过道岔、出入厂房、接近连挂车辆、进入安全线、尽头线及上、下转盘时，走行速度不得超过 3 km/h。

8.1.5.8　起重机在坡道上不使用支腿作业时，起重机风制动装置应处于制动状态并与机车连挂，只允许顺轨 $\pm 10°$ 范围内摆动。

8.1.5.9　起重机在坡道上停放时，应用手制动装置实施制动，并使用止轮铁作为安全保护。

8.1.5.10　应平稳、低速进行吊重回转作业，切忌急停、急转。

8.1.5.11　起重机在作业过程中，不得拆装、维修及调整各系统元件。

8.1.5.12　吊重作业时，吊臂下严禁站人。

8.1.5.13　当吊臂全伸，幅度最小而吊钩下降接近轨面时，应注意缠绕在卷筒上的钢丝绳圈数不少于 3 圈。

8.1.5.14　起重机不得进入未经验收的线路和不合格的线路。

8.1.5.15　禁止起重机在风速大于 13.8 m/s（相当 7 级风力）或其他恶劣的气候条件下作业。

8.1.5.16　起重机作业时，禁止进行两种以上的联合动作。

8.1.5.17　起重机作业时，司机不得离开岗位。

8.1.5.18　起重机在顺轨 $\pm 30°$ 或 $\pm 10°$ 范围内作业时，应注意观察摆动角度范围及安全监控系统显示的技术参数。

8.1.5.19　接触网带电部分至机车车辆或装载货物距离，不小于 350 mm。当海拔超过 1 000 m 时，上述数值应按规定相应增加。为保证人身安全，在设有接触网的线路上，严禁攀登车顶及车辆装载货物之上作业。如确需作业时，须在指定的线路上，将接触网停电接地后，方准进行。

8.1.5.20　起重机连挂吊臂平车自力走行时，吊臂应顺轨道方向。当起重机要吊重自力运行时，应使用均载液压缸，然后再进行吊重作业。

8.1.5.21 起重机在夜间或雾天作业时，工作场地应有良好的照明。

8.1.5.22 起重机在作业过程中，如有异音异味时，应查明原因，排除故障。

8.1.5.23 起重机在作业过程中，如系统出现泄漏时，应停止作业，更换密封件或管件，排除故障。

8.1.5.24 液压油最佳工作温度在40～60 ℃之间。当起重机连续作业，液压油温度高于80 ℃时，应停止作业，查明原因，待温度降低后再继续工作。

8.1.5.25 当起重机单机由机车推进时，其速度不得超过允许速度，并且要将吊钩收至最高位置以减少晃动。

8.1.5.26 避免使用起重机牵引车辆(除吊臂平车以外)。

8.1.5.27 卷筒上钢丝绳应排列整齐，如发现排列紊乱时，应重新排列，以免损伤钢丝绳。

8.1.5.28 起重机应按指挥信号动作，动作前须鸣笛，机体或重物接近人员时，亦应断续鸣笛警告。

8.1.5.29 两台起重机联合起吊同一重物时，每台起重机只能承担相应幅度下的额定起重量，听从统一指挥，动作应协调。

8.1.5.30 起重机在作业时，必须保证安全监控系统所选择工况与实际工况相符。

8.1.5.31 起重机自力走行时，不得打反车进行制动。

8.1.5.32 司机在交接班时，应对整机进行检查。如发现异常情况，及时处理。

8.1.5.33 用户应建立起重机的各种技术状态记录簿，如柴油机工作小时及维护保养情况，各系统维护保养情况，起重机工作记录，交接班记录等。每次检修情况等亦应记录在案。

8.2 维护保养

正确维护保养是起重机经常处于完好技术状态的保证。

起重机的维护保养应包括一般性的日常维护保养(即每班进行的保养)和定期的维护保养(即间隔一定时间的保养)。

8.2.1 日常维护保养

为了使起重机经常处于完好状态，要做好以下日常维护保养工作。

8.2.1.1 检查柴油机、液压泵、液压马达、各减速机、回转支承等部件和液压系统中的液压元件与法兰的连接螺栓、管路中的接头是否有连接松动和渗漏现象。

8.2.1.2 检查柴油机燃油、机油和液压油的油位是否在规定的范围内。

8.2.1.3 检查空气系统管路中的接头是否有连接松动和漏气现象，限压阀和安全阀工作压力是否在规定的范围内。

8.2.1.4 检查钢丝绳、吊钩装置及各安全装置是否完好无损；钢丝绳排列是否整齐。

8.2.1.5 检查蓄电池的电压是否在规定范围内，缺电要及时充电。

8.2.1.6 检查各仪表是否完好，发现问题进行维修或更换。

8.2.2 定期维护保养

依据起重机提供技术资料要求、起重机主管当局的规章和实际使用强度，定期对起重机进行维护保养。定期维护保养的一般内容如下。

8.2.2.1 柴油机

(1)柴油机应每周启动2～3次，每次运转约30～60 min，左、右柴油机轮流启动，转速为1 200～1 500 r/min。检查柴油机运转情况，并操纵各机构检查动作是否灵活可靠。

(2)柴油油箱必须定期通过底部阀门放出积水，清洗油箱的滤清器及内部杂质。

8.2.2.2 起升机构

(1)定期对吊钩进行探伤检查，发现裂纹及时处理(不允许焊补)或更换。

(2)钢丝绳保持清洁与定期润滑，以延长使用寿命。钢丝绳检验与报废的标准可参照GB/T 5972—2009或《起重机 钢丝绳 保养、维护、安装、检验和报废》(ISO 4309:2004)中有关规定。

(3)检查行星减速机润滑油位。

(4)检查行星减速机与转台和卷筒连接螺栓的紧固情况。

(5)检查卷筒上同步齿轮的螺栓及销的紧固情况。

8.2.2.3 变幅与伸缩机构

(1)吊臂应按润滑要求，定期润滑。

(2)检查伸缩臂是否有撞伤、擦伤以及其他损伤。

(3)不得在臂上焊接任何附件。

(4)每工作6 400 h(或中修)拆卸滑块、销轴等进行检查。

(5)定期检查紧固件是否松弛。

(6)吊臂侧面尼龙滑块的间隙，单侧2～3 mm为宜，间隙大于5 mm需要调整或者更换滑块。

8.2.2.4 回转机构

(1)检查行星减速机润滑油液位。

(2)检查行星减速机与转台连接螺栓的紧固情况。

(3)检查回转支承和转台及底架连接螺栓的紧固情况。

(4)检查行星减速机小齿轮和回转支承大齿轮啮合及润滑情况。

8.2.2.5 走行机构及挂齿

(1)检查走行减速器润滑油液位。

(2)检查减速机安装螺栓的紧固情况。

(3)检查轮对和动轴大齿轮有无松弛现象。

(4)检查开式齿轮副啮合及润滑情况。

(5)防脱装置安装螺栓的紧固情况。

(6)车轮踏面磨损情况。

(7)检查挂齿齿轮与花键轴连接及润滑情况。

(8)检查轴箱弹簧是否有磕碰和断裂。

8.2.2.6 平衡重挂放机构

(1)检查平衡重之间连接螺栓的紧固情况。

(2)检查平衡重挂放液压缸铰点润滑情况。

(3)检查平衡重挂放液压缸运行同步情况。

8.2.2.7 制动装置

(1)检查闸瓦间隙和闸瓦的磨损情况。

(2)检查各连杆销轴连接紧固及润滑情况。

(3)检查手制动装置安全可靠性。

8.2.2.8 支　腿

(1)定期向支腿根部上下铰点加注润滑脂。

(2)检查支腿根部销轴定位螺栓紧固情况。

(3)检查支腿液压缸与支腿连接螺栓紧固情况。

(4)检查支撑液压缸支座与液压缸的连接情况。

(5)检查支腿锁闭连接情况。

(6)检查支腿是否有裂纹。

8.2.2.9 车钩与缓冲装置

(1)车钩三态作用及防跳性能良好。

(2)车钩、缓冲器应无裂纹。

(3)起重机专用车钩(可翻转)连接螺栓无松弛和断裂。

8.2.2.10 液压系统

(1)检查

检查液压泵、齿轮泵和液压马达轴端密封圈是否老化和损坏。检查液压马达泄油管是否畅通。

(2)阀类元件及管路的维护保养

①起重机每次作业前后，要检查液压管路连接件和密封处是否有渗漏现象。

②液压元件及液压管路必须保持内部清洁，液压元件及液压管路在检修或更换密封件时，注意保持清洁，防止异物进入管路中。

③清理液压元件上的污垢，保持清洁。

④检查各操纵阀是否作用灵活、可靠，阀芯运动时有无卡滞现象。

⑤液压元件修复装机后，先作空载运转试验，正常后，再进行重载试验。特别是液压马达、液压缸、管路等在维修中容易混入空气。控制油路混入空气，影响减速机制动器作用，出现轻微溜钩等现象，作数次空载运行，可消除此现象。

(3)滤油器的维护保养

①起重机在正常工作状态下，每工作 80 h，液压油箱上的吸油滤油器和回油滤油器滤芯清洗一次，若无法清洗干净，则予更换。

②当滤芯堵塞，进、出油口的压差达到规定值时，司机室内的信号指示灯亮，应清洗或更换滤芯。

(4)液压油定期检查和更换

①更换液压油的期限根据使用条件、使用环境和使用频率的不同而有很大的差别。正常使用的起重机，液压油每 6 个月化验一次，其理化指标不应超过表 8-2 所示的极限值。定期化验结果均应记录在册或存档。

表 8-2 液压油理化指标极限值表

化 验 项 目	液压油理化性质变化极限指标
运动黏度(40 ℃)(mm^2/s)	−10%～+15%
酸值增加(mgKOH/g)	≥0.3
水分%	≥0.1
闪点变化(开口)(℃)	−60
固体颗粒污染等级	20/16

②起重机液压油的更换步骤可参照《流动式起重机 液压油 固体颗粒污染等级、测量和选用》(JB/T 9737—2013)标准中的规定。

③液压油箱中注入新油时，必须经过精度为10～20 μm的滤油器过滤(推荐使用随机配备的滤油车)。不同牌号的液压油不允许混合使用。

④液压油应定期滤清，可以利用滤油车过滤，方法是将滤油车的吸油口与油箱的放油口连接，滤油车的排油口与油箱的加油口连接，每次作业1 h。注意保持滤油车的进出油口、油箱加油口和加油油管的清洁。

⑤在冬季气温低于－15 ℃的地区，因为冬夏季温差大，应选择适合各季节使用的液压油。

⑥液压油的选择。液压油的选择主要考虑起重机作业区域的环境温度及液压系统工作压力等综合因素。起重机液压系统推荐使用的液压油，见表8-3。

表8-3 推荐使用的液压油

名 称	代 号	黏度(40 ℃，mm^2/s)	倾 点(℃)	黏度指数	推荐使用环境温度(℃)	推荐使用时间
壳牌得力士	T32	32	－42	152	－35～40	6～7年
壳牌得力士	46	46	－30	109	－15～45	6～7年

(5)液压油箱

①由于液压油箱在冬季箱内外温差较大，在油箱顶部内壁会凝结水滴后混入液压油内，引发油液乳化。建议每周在起重机液压油箱静态24 h后，打开油箱底部的阀门进行排水检查。

②液压油箱每次换油时，应对油箱内部进行一次清洗。

(6)仪表

液压系统的压力表要按规定时间进行校验。

(7)液压缸

①外观检查。清理外表的尘污，检查管接头或液压元件密封面是否有渗漏，特别要注意检查液压缸与各阀的安装平面，如有渗漏，应作处理。

②气蚀检查。在润滑良好的情况下，如液压缸内部存在空气，液压缸运动时就会出现跳动或爬行现象，即气蚀现象。

产生气蚀的主要原因是由于液压泵的吸油侧有空气吸入，应检查液压泵到吸油管处的所有接头和管路。对于伸缩液压缸，每次换油后应做5～6次空载伸缩以排除空气，消除可能产生的爬行现象。

8.2.2.11 电气、通信和安全监控系统

(1)蓄电池

①蓄电池要保持清洁，去除桩头与导线上的氧化物，保持加液盖上的通气孔畅通。

②拆装蓄电池连线时，应先拆或后装搭铁线，防止维护过程中短路。

(2)发电机。发电机工作时，不允许用划火法判断故障，也不允许用兆欧表检查发电机的绝缘性能。

(3)启动机。柴油机启动后，应立即松开启动开关钥匙，减少启动机单向离合器的磨损。

(4)其他。

①定期清洁限位开关触点，去掉油污，紧固连接导线，保证动作可靠。

②定期检查各个保护环节动作是否正常。

③定期检查各报警开关和指示灯的情况。

④照明灯具要保持清洁。

⑤所有的导线都要求连接牢固，导线上的线号标记要清晰、完整、牢固。

⑥在发电机不工作时，尽量关闭各照明灯，减少蓄电池的电能消耗。

⑦定期检查各机构和各系统的传感器工作是否正常。

8.2.2.12 空气系统

(1)风缸定期进行排水(污)。

(2)定期检查制动系统中各螺栓、销子是否牢固。

(3)定期对风压表进行校验。

(4)定期对安全阀进行检查或调整。

(5)系统更换新元件时，应对管路进行泄漏检查。

(6)定期检查闸瓦是否磨损到限。

(7)定期检查各阀(120或JZ-7制动机、单独制动阀、限压、安全)技术性能，走行挂齿电磁阀是否作用良好，走行挂齿装置是否灵活可靠。

(8)定期检查手制动装置是否作用良好，各连接件是否安全可靠。

(9)定期检查制动梁是否有裂纹，并及时处理。

(10)定期检查制动系统各软管是否老化，接头处是否密封良好。

(11)定期检查缓解阀和快速排风阀及拉杆作用是否良好。

(12)检查制动缸行程(80±15)mm，闸瓦间隙约10 mm。

8.2.2.13 润滑系统

润滑是起重机维护保养的重要内容之一，正确按时地对润滑部位进行润滑，可减少元件的磨损，防止元件的锈蚀，降低摩擦面的温度，延长起重机元件的使用寿命。

(1)稀油润滑。

①压力油润滑。柴油机润滑为压力油润滑，其所用润滑油的牌号和更换周期，应按随起重机提供的柴油机技术资料有关规定执行。

②飞溅润滑。各减速器的齿轮和滚动轴承均采用飞溅润滑。减速器壳体内加注适量的润滑油，当减速器运转时，浸入油面的旋转齿轮将润滑油飞溅到齿面，轴承及箱内各处进行润滑和散热，减速器的换油周期和润滑油牌号见表 8-4。

表 8-4　减速器润滑表

序号	减速器名　称	更换周期（累计工作时间）	润滑油	备　　注
1	起升	200 h 进行第一次换油 以后每 1 000 h 或中修期	壳牌 HD220	达到规定油位
2	回转	200 h 进行第一次换油 以后每 1 000 h 或中修期		
3	走行	100 h 进行第一次换油 以后按季节换油	夏季 150 号、冬季 100 号工业齿轮油(GB 5903)	

③滴注润滑。

a. 各风缸活塞杆每两个月滴注一次机油。

b. 基础制动装置各铰点每季度滴注一次机油。

c. 走行小齿轮花键轴每季度滴注一次机油。

d. 转向架旁承每 6 个月用 100/150 号工业齿轮油(GB 5903)进行一次注油润滑。

(2)干油润滑。

①压注润滑。压注润滑是通过油嘴将润滑脂压注到摩擦副上进行润滑，它兼有将脏油挤出的作用。起重机各部件的润滑点数、润滑部位、注油周期及润滑脂牌号见表 8-5。

表 8-5　压注润滑表

序号	部位名称	润滑点数	润滑部位	润滑周期	润滑油
1	变幅液压缸上、下铰点	4	关节轴承	每月	ZG-3 号钙基润滑脂(GB/T 491—2008)
2	支腿销轴	8	上、下端部	每月	
3	起升装置轴承座	2	支承轴	每季度	
4	吊臂后铰点	2	滑动轴承	每季度	
5	吊钩上滑轮组	2	滚动轴承	每季度	
6	吊钩组成滑轮组	2	滚动轴承	每季度	
7	均衡轮轴	2	轴	每季度	
8	回转支承	8	滚道体与滚子	每季度	
9	转向架轴箱	16	滚动轴承	半年	铁路机车轮对滚动轴承润滑脂(TB/T 2955—1999)

②涂抹润滑。所谓涂抹润滑就是利用手工将润滑脂涂抹或填充到摩擦副表面上。起重机涂抹润滑见表 8-6。

表 8-6　润滑脂涂抹润滑表

序号	涂抹(填充)部位	涂抹(填充)周期	润滑脂
1	钢丝绳	半年	石墨钙基润滑脂 ZG-S(ZBE 36002—88)
2	吊钩推力轴承	半年	ZG-3 钙基润滑脂(GB/T 491—2008)
3	回转支承齿轮副	半年	
4	心盘	组装时涂抹	
5	走行开式齿轮副	半年	
6	转向架轴箱导框	每季度	
7	平衡重液压缸支座	每季度	
8	吊臂唇口滑块摩擦面	每季度	
9	吊臂后滑块摩擦面	每季度	
10	吊臂侧面滑块摩擦面	每季度	
11	起升开式齿轮副	半年	

8.2.2.14　柴油机冷却系统

寒冷地区作业的柴油机一般选用具有防冻功能的冷却液，即所谓防冻冷却液。防冻冷却液不仅适合寒冷地区冬天使用，它也适应全年各季节使用。

(1) 冷却液的组成。

冷却液由水（蒸馏）、防冻剂、添加剂三部分组成。目前较为理想的冷却液是用乙二醇作防冻剂，并添加少量抗泡沫、防腐蚀等综合添加剂配制而成。由于乙二醇易溶于水，可以配成各种冰点的冷却液，其最低冰点可达－68 ℃，这种冷却液还具有沸点高、泡沫倾向低、黏温性能好、防腐和防垢等特点。冷却液的基本指标是冰点和沸点。

(2) 冷却液的功能及选择。

①冬季防冻。为了防止柴油机冷却液在冬季结冰而造成水箱、发动机缸体胀裂，要求冷却液的冰点应低于该地区最低温度 10 ℃左右。

②防腐蚀。柴油机及其冷却系统主要零部件都是金属制成的。金属长时间与高温冷却液接触，会产生锈蚀。而防冻冷却液不仅不会对发动机及其冷却系统造成锈蚀，还具有防腐和除锈功能。

③防水垢。用水作冷却液，在水箱、水套的金属表面会附着水垢，降低散热效果，而且清除起来也很困难。优质的防冻液采用蒸馏水配制，加有防垢添加

剂，不产生水垢还具有除垢功能。

④高沸点（防开锅）。水的沸点是 100 ℃，优质防冻冷却液的沸点通常在零上 110 ℃，具有防沸腾作用。

（3）柴油机冷却系统维修保养注意事项如下。

①尽量使用同一品牌的防冻冷却液。不同品牌的防冻冷却液配方各异，如果混合使用，多种添加剂之间很可能发生化学反应，造成添加剂失效。

②一般防冻冷却液的有效期为两年，添加时应确认该产品在有效期之内。

③必须定期更换，一般为两年更换一次。更换时应放尽旧液，将冷却系统清洗干净后，再换上新液。

④避免兑水使用。传统的无机型防冻液兑水后会生成沉淀，严重影响防冻液的正常功能。有机型防冻液则可以适量兑水使用。

⑤系统中要有足够的冷却液。发现冷却液不足，及时添加。

8.3　故障处理

8.3.1　动力与传动机构

动力与传动机构常见故障及排除方法见表 8-7。

表 8-7　动力与传动机构常见故障及排除方法

顺号	故障现象	原　因	排除方法
1	柴油机不启动	1. 柴油机油箱燃油不足 2. 供油管路有气体 3. 启动电路故障	1. 加油 2. 排除供油管中的气体 3. 检查修理启动电路
2	扳动手柄，起重机无动作	1. 控制油路开关没打开 2. 控制油路压力低 3. 起重量超载限动	1. 打开控制油路开关 2. 检查调整控制油路压力达 3 MPa 3. 向反方向运动
3	溜钩	1. 起升减速机制动器作用不良 2. 减速机制器摩擦片磨耗超限	1. 检修起升控制油路，清洗组合梭阀，排出连接管路的气体及异物 2. 更换摩擦片
4	起升超高不限位	1. 高度限位开关作用不良 2. 起升限位电磁阀出现卡滞或电磁铁损坏	1. 检修或更换 2. 检修或更换
5	吊钩下降时出现振动和噪声	1. 平衡阀阀芯损坏 2. 两平衡阀的控制口开启压力不一致	1. 更换平衡阀 2. 更换平衡阀
6	走行小齿轮不复位	1. 花键轴上有污垢 2. 复位弹簧复位力不够	1. 清洗和润滑 2. 调整弹簧复位力或更换弹簧

续上表

顺号	故障现象	原　因	排除方法
7	溜臂	1. 变幅油路液控单向阀和平衡阀有内漏 2. 变幅液压缸内漏,密封圈损坏	1. 检修液控单向阀和平衡阀 2. 更换液压缸密封圈
8	吊臂伸缩出现异常响声、抖动	1. 吊臂滑块润滑不良 2. 超载带载伸缩	1. 润滑吊臂滑块 2. 降低带载伸缩的载荷

8.3.2 液压系统

一般来说,液压系统维护保养得当,故障率是很低的。液压系统的清洁度不足是产生故障的最主要因素。在使用保养过程中,保持和提高系统的清洁度是重中之重。

检查故障步骤

在液压系统发生故障时,首先要停机进行检查、分析或进行必要的测试,找出故障部位。一般可以遵循以下步骤。

(1)首先观察控制油路压力表是否有3 MPa压力,如果无压力或压力低,那么故障可能在控制油路的电磁阀、溢流阀或齿轮泵上;如果压力正常,故障可能在主油路上。

(2)观察主油路压力表是否有压力,如果无压力,那么故障可能在多路阀或马达上;如果压力正常,那么故障可能在其他机械上。

(3)本系统的常见故障及排除方法,详见表8-8。

表8-8　液压系统的常见故障及排除方法

顺号	故障现象	原　因	排除方法
1	油路漏油	1. 接头松动 2. 密封件损坏或老化 3. 油管破裂	1. 紧固接头 2. 更换密封件 3. 更换油管
2	控制压力低	1. 油箱油位过低,吸油管堵塞或吸油管漏气 2. 溢流阀阀芯有卡滞现象 3. 齿轮泵损坏或内漏过大	1. 检查油位,及时补油或检查吸油管 2. 清洗或更换 3. 检修或更换
3	液压油温过高	1. 油箱油位低 2. 液压油牌号不对 3. 气温过高,工作时间较长	1. 检查油位,补油 2. 更换液压油 3. 停机或者采取降温措施,待油温降低后,再继续工作
4	压力表不显示	1. 压力表开关堵塞或损坏 2. 控制电磁阀未得电 3. 压力表损坏	1. 检修或更换压力表开关 2. 闭合电磁阀开关 3. 更换

续上表

顺号	故障现象	原因	排除方法
5	吊重时支腿液压缸缩回	1. 液压锁内漏 2. 液压缸密封圈损坏,造成内漏 3. 液压缸内有空气	1. 检修 2. 检修更换密封圈 3. 空载下多做几次动作
6	管路有异常噪声	1. 油箱油位过低 2. 管路内有空气 3. 管夹松动	1. 检查油位,加油 2. 空载下多做几次动作 3. 检修
7	未操纵而机构有动作	1. 操纵阀柱塞卡住,没有回中位 2. 多路阀阀芯卡住,没有回中位	1. 检修 2. 检修
8	自力运行时转速不稳定	1. 液压油箱油位过低,造成管内进入空气 2. 柴油机有故障	1. 补油 2. 检修柴油机
9	自力走行无动作或走行速度低	1. 走行马达内漏大 2. 制动未缓解 3. 柴油机功率不足 4. 车轮打滑	1. 检修或更换 2. 检查制动操纵阀手柄应在缓解位,手制动轮缓解 3. 检查柴油机 4. 采取措施,防止打滑
10	吊重不回转	1. 限位电磁阀阀芯卡住或损坏 2. 回转马达损坏	1. 检修或更换 2. 检修或更换
11	回转制动失灵	1. 组合梭阀卡住或损坏 2. 制动器摩擦片失效	1. 检修或更换 2. 检修或更换
12	平衡重液压缸下降时有异音	1. 油路中有空气 2. 操纵阀操作时用力过猛,产生压力冲击	1. 空载动作数次 2. 操纵阀操作时应缓慢
13	伸支腿液压缸或平衡重液压缸单向有动作	手动换向阀故障	检修或更换
14	平衡重液压缸不同步	1. 液压缸内有空气 2. 液控单向阀故障 3. 分流集流阀故障 4. 积累误差	1. 空载动作几次进行排气 2. 检修或更换 3. 检修或更换 4. 消除积累误差
15	吊臂伸缩空载爬行	1. 液压缸内有空气 2. 吊臂摩擦面无油,阻力大	1. 空载动作几次进行排气 2. 摩擦面涂油
16	变幅液压缸回缩	1. 液控单向阀或平衡阀内漏 2. 密封件损坏造成内漏 3. 缸内有空气	1. 检修或更换 2. 检修或更换密封圈 3. 运行数次排气
17	二节臂伸出后不能缩回	1. 缩臂行程开关损坏 2. 电路故障 3. 电磁阀或者平衡阀故障	1. 检修或更换 2. 检修 3. 检修或更换

续上表

顺号	故障现象	原　　因	排除方法
18	三节臂伸出后不能缩回	1. 电路故障 2. 电磁阀、电液阀、平衡阀故障	1. 检修 2. 检修或更换
19	均载液压缸伸缩无动作	液压锁故障	检修或更换
20	均载液压缸下落	1. 液压锁故障 2. 均载液压缸内漏	1. 检修或更换 2. 更换密封
21	吸油管瘪或吸油困难	1. 空滤器通气滤清板堵塞 2. 吸油滤清器的滤芯堵塞	1. 清洗或更换 2. 清洗或更换
22	三圈保护失灵	1. 行程开关损坏 2. 电磁阀阀芯卡住或电磁铁故障	1. 检修或更换 2. 检修或更换
23	各机构空载速度低	1. 手动操纵阀操纵未到位 2. 多路阀阀芯换向未到位 3. 控制油路压力低 4. 未合流	1. 操纵阀手柄推到位 2. 检修清洗 3. 检修或更换 4. 合流手柄推至合流位

8.3.3　安全监控系统

按照相关文件要求，2008 年以后新造和大修出厂的铁路救援起重机都必须装有安全监控系统。铁路起重机安全监控系统应具有故障的自我诊断能力，当系统出现故障时，显示屏上显示故障代码，从而方便地找出故障原因和解决方法。NS1601(B/C/D/E)160 t 伸缩臂式铁路起重机安全监控系统的型号为 HC4900 型，其常见故障代码见表 8-9。

表 8-9　HC4900 型安全监控系统常见故障代码表

故障代码	故障说明	原　　因	解决方法
E01	工作幅度过小	幅度超出性能表的最小幅度	向下变幅至性能表允许的幅度
E02	工作幅度过大	幅度超出性能表的最大幅度	向上变幅至性能表允许的幅度
E04	工况不存在或回转区域不允许	1. 工况代码选择不对 2. 主臂在不允许的回转区域	1. 设定一个正确的工况 2. 回转到允许的工作区域
E05	吊臂长度显示错误	长度传感器出现故障	更换传感器
E11	吊臂长度传感器的电压值低于下限	1. 长度传感器损坏 2. 测量通道的电子元件损坏	更换传感器
E12	无杆腔油压传感器的电压值低于下限	传感器损坏	更换传感器

续上表

故障代码	故障说明	原　　因	解决方法
E13	有杆腔油压传感器的电压值低于下限	传感器损坏	更换传感器
E15	主臂角度传感器的电压值低于下限	传感器损坏	更换传感器
E21	主臂长度传感器测的电压值高于上限	传感器损坏	更换传感器
E22	有杆腔油压传感器的电压值高于上限	传感器损坏	更换传感器
E23	无杆腔油压传感器的电压值高于上限	传感器损坏	更换传感器
E24	拉力传感器的电压值高于上限	传感器损坏	更换传感器
E25	主臂角度传感器的电压值高于上限	传感器损坏	更换传感器
E32	供电电源有误	1. +UB 系统不出现在启动系统或关机系统 2. +UB 接通/断开接触错误	1. +UB 系统和 +UB 电源须分别用电缆连接，+UB 系统与起重机电池相连，+UB 电源用于接通/断开 2. 再次接通/断开+UB
E37	逻辑程序信息流错误	1. 系统程序文件损坏 2. Flash-EPROM 损坏	1. 上传有效系统软件 2. 更换主机
E38	系统程序和起重机数据文件不匹配	LMI 中的系统程序与起重机数据文件中的程序不匹配	上传有效的系统程序文件或有效的起重机数据文件
E39	系统程序和性能表不相符	LMI 中的系统程序与起重机性能表文件中的程序不匹配	上传有效的系统程序文件或有效的承载曲线图文件
E43	写/读存储器(RAM)错误	写/读存储器(RAM)或主机损坏	更换主机
E47	监控写/读存储器错误 监控写/读存储器的 CRC 检测出不相符的结果	1. 监控写/读存储器的 CRC 信号错误 2. 缓冲电池无电荷(在 1 kΩ，电压<2 V) 3. 主机损坏	1. 重启 LMI 2. 更换主机上的缓冲电池 3. 更换主机
E51	现有数据文件错误	1. 数据文件出现无效数据 2. Flash-EPROM 损坏	1. 上传有效的起重机数据文件 2. 更换主机
E52	承载曲线图文件错误	1. 性能表文件里出现无效数据 2. Flash-EPROM 损坏	1. 上传有效的起重机数据文件 2. 更换主机

续上表

故障代码	故障说明	原　因	解决方法
E56	数据文件错误	1. 数据文件出现无效数据 2. Flash-EPROM 损坏	1. 恢复或上传有效的起重机数据文件 2. 更换主机
E57	串行数据文件错误	1. 调试数据文件不包括有效的数据 2. Flash-EPROM 损坏	1. 通过改变和保存数据(OM, limits)上传调试数据文件 2. 更换主机
E61	CAN bus 数据向所有 CAN 单元传输时出现错误	1. 主机与传感器之间的 CAN bus 电缆损坏或断路 2. 主机上的 CAN bus 端口损坏 3. CAN Bus 电缆短路	1. 检查主机与传感器之间的连接 2. 更换主机 3. 更换 CAN Bus 电缆
E62	压式传感器的 CAN bus 数据传输错误	1. 主机与传感器间的电缆损坏 2. 主机上的 CAN bus 端口损坏 3. 传感器损坏	1. 检查与传感器相连的电缆 2. 更换主机 3. 更换传感器
E63	CAN bus 压式传感器出现错误	传感器单元的模拟值无效	更换传感器
E64	长度角度传感器的 CAN bus 数据传输错误	1. 主机与传感器间的电缆损坏 2. 主机上的 CAN bus 端口损坏 3. 传感器损坏	1. 检查与传感器相连的电缆 2. 更换主机 3. 更换传感器
E84	工况错误	所选的工况不包含在数据文件中	选择另一个工况,检查数据文件中程序
E85	幅度判断错误	计算出来的幅度太小	检查数据文件中程序
E89	工况代码错误	控制器上的工况代码随承载物变换	在主臂无承载物的情况下选择工况代码
E98	激活 LMI 看门狗动作	LMI 处理看门狗超时	系统重置,连接 PC 终端并观察错误信息
EAB	A2B 开关电路短路(不带无线电通信 A2B)	1. A2B 开关里的电线短路 2. 与 A2B 开关相连的电线短路	1. 更换 A2B 开关 2. 更换与 A2B 开关相连的电线
EAC	A2B 开关电路断路(不带无线电通信 A2B)	1. A2B 开关里的电线断开 2. 与 A2B 开关相连的电线断开	1. 连接或更换 A2B 开关里的电线 2. 连接或更换与 A2B 开关相连的电线
EAD	无效的 A2B 开关状况	1. 传感器错误功能 2. CAN bus 延迟 3. 无线电报延迟程序块(无线 A2B) 4. 无效的无线电报 ID	1. 更换 A2B 开关 2. 更换与 A2B 开关相连的电线 3. 更换无线程序块的电池(无线 A2B) 4. 在 DGA12.9 中设置 ID

续上表

故障代码	故障说明	原　因	解决方法
EDB	数据记录仪设置错误	数据记录仪的设置被清空(ser. 数据文件或缓冲电池RAM)	再次传输数据并设置数据记录仪
EDC	激活数据记录仪看门狗软件	LMI处理数据记录仪超时	系统重置，连接PC终端并观察错误信息
EDD	电池失效	电池电压低压	更换电池然后设置RTC

8.3.4 电气与通信系统

8.3.4.1 故障处理的注意事项

(1)应由专业电气维修人员进行检查处理。

(2)进行电气元件拆装修理时，应尽量避免大拆大卸，人为扩大故障范围。

(3)精密电气元件(系统)的检修，应由专业维修服务人员进行，如安全监控系统、充电发电机、无线车载台等系统故障的处理。

(4)对于比较复杂的电气故障处理，应确认与其他系统无关后，再进行详细排查。

(5)电气及安全监控系统故障处理的一般原则为：先易后难，先外围后核心。

8.3.4.2 常见故障及排除方法

电气与通信系统常见故障及排除方法见表8-10。

表8-10 电气与通信系统常见故障及排除方法

顺号	故障现象	原　因	排除方法
1	蓄电池经常严重亏电	1. 蓄电池表面太脏 2. 蓄电池内部故障	1. 清洗蓄电池 2. 修理、更换
2	发电机不发电	1. 电极或磁场绕组损坏 2. 二极管或调节器损坏 3. 皮带过松	1. 修理 2. 更换 3. 调整
3	充电系统不充电	1. 发电机不发电 2. 连线松动、脱落 3. 线路断路	1. 参见上条 2. 紧固 3. 修理
4	启动困难或不启动	1. 蓄电池亏电 2. 启动继电器触点接触不良 3. 启动机电磁开关接触不良 4. 启动机电刷过度磨损 5. 熔断器熔断	1. 充电 2. 修理 3. 修理 4. 更换 5. 查明原因更换

续上表

顺号	故障现象	原　　因	排除方法
5	保护环节不起作用	1. 限位开关触点接触不良或损坏 2. 连接导线松动或脱落 3. 电磁阀作用不良或损坏 4. 熔断器熔断	1. 修理、更换 2. 紧固 3. 修理、更换 4. 查明原因、更换
6	系统显示器黑屏	1. 系统显示器故障 2. 熔断器熔断	1. 请专业人员处理 2. 查明原因更换
7	系统显示器显示无反应	1. 系统控制器死机 2. 显示器故障 3. 系统控制器损坏 4. 线路松动、脱落	1. 断电重新启动 2. 请专业人员处理 3. 请专业人员处理 4. 修理
8	系统显示器显示参数异常	1. 系统控制器死机 2. 传感器故障 3. 限位开关故障 4. 线路松动脱落	1. 断电重新启动 2. 请专业人员处理 3. 修理、更换 4. 修理
9	系统显示器花屏	系统显示器故障	重新启动，如无效则请专业人员处理
10	照明灯具不亮	1. 灯具坏、开关坏、熔丝断 2. 线路松动、脱落	1. 更换 2. 修理
11	空调不制冷	1. 空调旋钮未旋至冷风位置 2. 右柴油机未运行 3. 冷却液泄漏	1. 旋至冷风位置 2. 启动右柴油机 3. 请专业人员检修
12	空调不制暖	1. 空调旋钮未旋至暖风位置 2. 左柴油机机未运行 3. 暖风管路阀门关闭或管路堵塞	1. 旋至暖风位置 2. 启动左柴油机 3. 打开阀门或疏通管路
13	MP4 播放机无声音	1. 音量过小 2. 保险损坏 3. 扬声器连线断路或短路	1. 加大音量 2. 更换保险 3. 修理
14	保险丝经常烧断	1. 负载过大 2. 线路或电器短路 3. 控制按钮损坏	1. 检查负载 2. 修理、更换 3. 修理、更换
15	柴油机启动钥匙开关经常损坏	1. 启动时间过长 2. 启动马达故障	1. 减少启动时间 2. 检查、修理
16	无线对讲系统保险熔断	1. 线路短路或搭铁 2. 内部故障	1. 检查线路 2. 请专业人员处理
17	无线对讲系统手持对讲机工作不正常	1. 手持对讲机内部故障 2. 手持对讲机电池耗尽 3. 手持对讲机频道选择错误	1. 请专业人员处理 2. 电池充电 3. 选择正确的频道
18	无线对讲系统有电源指示，但工作不正常	1. 车载台内部故障 2. 手持对讲机故障	1. 请专业人员处理 2. 请专业人员处理

8.3.5 空气系统

空气系统常见故障及排除方法见表 8-11。

表 8-11 空气系统常见故障及排除方法

顺号	故障现象	原　因	排除方法
1	空气系统无压力或不保压	1. 单柴油机风泵不工作 2. 多功能卸荷阀、单向阀及安全阀故障 3. 风缸、散热油水分离器及管路泄漏	1. 启动另一台柴油机对比确定 2. 检修 3. 检修
2	制动距离长	1. 制动缸压力低 2. 制动缸活塞杆行程短，活塞杆全伸出时间长 3. 检查制动扭杆、推杆、基础制动杠杆有变形及损坏 4. 检查闸瓦磨损到限 5. 检查各销子断裂或磨损到限 6. 检查 120 或 JZ-7 制动阀作用状态	1. 首先检查总风缸压力应大于 500 kPa，然后检查制动缸压力应大于 350 kPa 2. 调整制动缸活塞杆行程为(80±15)mm活塞杆全伸出时间不大于 2 s 3. 修复 4. 更换 5. 更换 6. 检修
3	制动管不保压	1. 检查制动操纵阀不在运转位 2. 检查管路和制动机泄漏 3. 检查中心回转接头泄漏	1. 调整 2. 检修 3. 检修

附　录

我国内燃液压铁路起重机概要表(一)

型号				N1602	N1601	NS1601B/C	NS1601D/E
曾用型号				QTJ 160/50(32)	—	—	—
制造起始年代				1990	1990	2000	2000
制造厂				武桥重工	齐轨道装备公司	齐轨道装备公司	齐轨道装备公司
传动方式				全液压	全液压	全液压	全液压
吊臂形式				主副钩定长臂	主副钩定长臂	2/3 节伸缩臂	2/3 节伸缩臂
工作环境	环境温度(℃)			−25～40	−20～40	−35～45	−35～45
	海拔高度(m)			1 500	1 500	2 500	2 500
	最大相对湿度(%)			90	90	90	90
	风速(m/s)			13.8	13.8	13.8	13.8
起重量/幅度(t/m)	使用支腿	360°回转	工况 1	主钩 160/6.5	主钩 160/6～6.5	160/6.5	160/6.5
			工况 2	副钩 50/13.5	副钩 50/7～13.5	—	—
		顺轨	摆动(±)	10°,160/10	10°,160/10	10°,160/9	10°,160/9
			摆动(±)	30°,160/8	30°,160/8	30°,84/14.7	30°,84/14.7
			摆动(±)	10°,84/14.7	30°,84/14.7	30°,55/20	30°,55/20
		羊角钩		—	—	70/12.5	70/12.5
	不用支腿	360°回转		9/11.5 副钩	副钩 14/9.5	15/6.5	15/6.5
		顺轨	摆动(±)	10°,32/10 副钩	—	0°,50/6.5	0°,50/6.5
			摆动(±)	—	—	10°,32/6.5	10°,32/6.5
			摆动(±)	—	—	—	—
最大起重力矩(t·m)				1 600	1 600	1 440	1 440
工作速度	起升(m/min)		空载	主钩 4,副钩 14	—	12	12
			重载	主钩 2,副钩 7	主钩 3,副钩 12	3.5	3.5
	回转(r/min)			1	1	1	1
	上车前部顺轨摆动(°/s)			—	—	—	—
	变幅时间(s)			150	150	120	120
	吊臂全伸时间(s)			—	—	78	78
	自力走行(km/h)			12	12	15	15
	回送(km/h)			85	85	120	120

续上表

线路指标	轨距(mm)		1 435	1 435	1 435	1 435
	轴重(kN)		230	230	230	230
	通过最小曲线半径(m)		145	145	145	145
	自力走行最大坡度(平直线)(‰)	带吊臂平车	12	12	13	13
		无吊臂平车	—	—	16	16
	限界标准		GB 146.1—1983			
主要尺寸数据	车钩高(mm)		880	880	880	880
	尾部回转半径(m)		5.8	5.8	5.8	5.8
	吊臂长度(m)	全缩位	17	17	14.95	14.95
		二节臂全伸	—	—	23.5	23.5
		三节臂全伸	—	—	27.5	27.5
	车钩连接线水平距离(m)		12.6	12.6	12.6	12.6
	幅度范围(m)		5.5～17.5	6～17.5	6.5～20/24.5	6.5～20/24.5
	最大起升高度(m)		主15,副16.5	主15,副16.5	17.5/21.5	17.5/21.5
	支腿间距(横×纵)(m)	1	6.0×10.54	6×10.6	6×10.6	6×10.6
		2	4.8×11.51	—	4.8×11.38	4.8×11.38
		3	—	—	3.5×11.77	3.5×11.77
	下车定距(m)		6.2	6	6	6
	起重机最大宽×高(m)		3.3×4.55	3.3×4.76	3.3×4.76	3.3×4.76
动力装置	配置型式		一主一辅	一主一辅	等功率双发	等功率双发
	主柴油机	型号	BF8L413FC	NT-855-C250	WD61564	BF6L913C
		额定功率(kW)	183	180	2×165	2×110
		额定转速(r/min)	2 150	1 950	1 800	2 100
		冷却方式	风冷	水冷	水冷	风冷
		吸气型式	增压	自然	涡轮增压	中冷
		燃油消耗率[g/(kW·h)]	220	204	225	230
		制造厂	华北柴油机厂	重庆康明斯	潍坊柴油机厂	进口道依茨
	备用柴油机	型号	F3L912	F2L511	—	—
		额定功率(kW)	37	25.7	—	—
		额定转速(r/min)	1 800	3 000	—	—
		冷却方式	风冷	风冷	—	—
		燃油消耗率[g/(kW·h)]	—	217	—	—
		制造厂	石家庄建机厂	石家庄建机厂	—	—
	柴油箱容量(L)		500	340	340	340

续上表

液压系统	型式			开式	开式	开式	开式
	额定工作压力（MPa）		主油路	32	主 25，辅 16	28	28
			控制油路	3	3	3	3
	液压泵	主泵	型号	A7VO160HD1D	A7V200LR/61L	A8VO107	A8VO80
			数量	2	2	2	2
		辅助泵	型号	CBY2040/2016	A2F12R6-1Z6	—	—
			数量	1	1	—	—
		控制油路泵	型号	CBY2040/2016	CB-C18C-FC	1PF2G2	1PF2G2
			数量	1	2	1	1
	液压马达型号×数量		主起升机构	A2FM250×1	A2FM200×1	A2FM160×2	A2FM160×2
			副起升机构	A2FM250×1	A2F160×1	—	—
			回 转 机 构	A2F160×1	A2F107×1	A2FM107×1	A2FM107×1
			顺轨摆动机构	—	—	—	—
			走行机构	A2F160×2	A2F160×2	A2FM160×2	A2FM160×2
			变幅机构	A2FM250×1	A2FM200×1	—	—
	主要液压缸	变幅	缸径/杆径×行程(mm)	—	—	360/280	360/280
			数量	—	—	2	2
		吊臂伸缩	缸径/杆径×行程(mm)	—	—	二节 250/200×6 250	二节 250/200×6 250
			缸径/杆径×行程(mm)	—	—	三节 200/180×6 300	三节 200/180×6 300
		平衡重挂放/伸缩 Ⅰ	缸径/杆径×行程(mm)	150×760	150/80×480	挂放 160/80×480	挂放 160/80×480
			数量	2	2	2	2
		平衡重挂放/伸缩 Ⅱ	缸径/杆径×行程(mm)	—	—	—	—
			数量	—	—	—	—
		支腿 支撑	缸径/杆径×行程(mm)	250×350	260/200×400	260/200×400	260/200×400
			数量	4	4	4	4
		支腿 伸腿	缸径/杆径×行程(mm)	80×585	80/50×830	80/50×830	80/50×830
			数量	4	4	4	4

续上表

液压系统	主要阀类	多路阀	型号×数量	WYZ-8L3×1	WYZ-8BG×1	MO-32×2	MO-32×2
			型号×数量	WYZ-8L4×1	WYZ-8CG×1	—	—
			型号×数量	—	—	—	—
			型号×数量	—	—	—	—
		平衡阀	型号×数量	FD32FA10×3	FD32FA10/B60×3	FD32FA10/B60×3	FD32FA10/B60×3
			型号×数量	FD12FA10×1	—	—	—
			型号×数量	—	—	—	—
		先导阀	型号×数量	WYX-3	WYX-5×1	PCL402-04×3	PCL402-04×3
			型号×数量	WYX-8	WYX-1A×2	—	—
			型号×数量	WYX-11A	WYX-8X×1	—	—
			型号×数量	—	—	—	—
	液压油箱公称容量(L)			3 000	1 600	2 300	2 300
减速机	主起升		型号×数量	GJW110E×1	GFW102E×1	4 级行星减速器×2	4 级行星减速器×2
			降速比	49.4	62	76	76
	副起升		型号×数量	GJW110E×1	GFT40WZ×1	—	—
			降速比	49.4	35.46	—	—
	回转		型号×数量	GFB105K8×1	GFB100K×1	4 级行星减速器×2	4 级行星减速器×2
			降速比	159.43	198.9	204.5	204.5
	顺轨摆动		型号×数量	—	—	—	—
			降速比	—	—	—	—
	走行		型号×数量	专用×2	专用×2	专用×2	专用×2
			降速比	19.03	16	16	16
	变幅		型号×数量	GJW110E×1	GFW102E×1	—	—
			降速比	49.4	62	—	—
计算机辅助控制系统				—	—	—	—
卷筒直径(mm)			主起升	552	550	620	620
			副起升	552	520	—	—
			变幅	552	580	—	—

续上表

回转支承	型号或型式(1)			3 排滚柱式	3 排滚柱式	三排滚柱内啮合	三排滚柱内啮合
	滚道中心圆直径(mm)			2 900	2 900	2 900	2 900
	型号或型式(2)			—	—	—	—
	滚道中心圆直径(mm)			—	—	—	—
转向架	轴距(mm)			1 400+1 500+1 400	1 300	1 300	1 300
	车轮直径(mm)			840	840	840	840
	车轴类别			E	E	E	E
	承载方式			心盘	旁承	旁承	旁承
	组数×轴数/主动轴数			2×4/1	2×4/1	2×4/1	2×4/1
	轴承型号			552732QT、752732QT	552732QT、652732QT、752732QT	NUHJ2232WB、NU2232WB、NJ2232WB	
	减振方式			圆柱螺旋弹簧	圆柱螺旋弹簧	圆柱螺旋弹簧	圆柱螺旋弹簧
	静挠度(mm)			—	48	48	48
	制动倍率			—	10	9	9
	闭锁液压缸型式、缸径(mm)×数量			110×8	双向、80×8	双向、80×8	双向、80×8
	每组转向架自重(t)			15.9	11.95	12	12
吊臂	结构/截面形式			箱形	板梁式	八边形	八边形
	钢结构钢材强度(MPa)			$\sigma_b \geq 345$	$\sigma_b \geq 685$	$\sigma_b \geq 800$	$\sigma_b \geq 800$
	钢丝绳规格型号		主起升	6×37-30	34×7-29.5-170-1-光	30NAT34×7+FC1670ZS	
			副起升	6×37-30	18×7-23-170-1-光	—	—
			变幅	6×37-30	34×7-29.5-170-1-光	—	—
取物装置	吊钩	主钩	型式	直柄双钩	直柄双钩	直柄双钩	直柄双钩
			滑轮组倍率	18	16	16	16
		副钩	型式	直柄单钩	直柄单钩	—	—
			滑轮组倍率	5	8	—	—
	抓斗	容量(m^3)		—	—	—	—
		滑轮组倍率		—	—	—	—
	电磁吸盘	容量(kg)		—	—	—	—
		滑轮组倍率		—	—	—	—

续上表

上车尾部平衡重	型式		挂放式	挂放式	挂放式	挂放式
	平衡重数量		1	2	2	2
	伸缩行程(m)		—	—	—	—
车钩型号			货车 13 号	专用 13 号	专用 13 号/货车 13A 型	
缓冲器型号			二号缓冲器	圆柱螺旋弹簧	圆柱螺旋弹簧	圆柱螺旋弹簧
空气制动系统	制动机型号		GK/JZ-7	GK	JZ-7/120	JZ-7/120
	制动缸直径(mm)		355.6	254	254	254
	制动倍率		—	—	—	—
	闸瓦种类		—	高摩	高摩	高摩
电气系统	电压(V)		DC 24	DC 24	DC 24	DC 24
	蓄电池	型号	200Ah	6-QA-192D	200Ah	200Ah
		数量	2	2	2	2
司机室	温度范围(℃)		10～25	10～25	5～25	5～25
	室内噪声 dB(A)		80	80	80	80
安全装置	力矩限制器型号		BML-2C	DS150	DS380	DS380
	起升高度极限保护		√	√	√	√
	顺轨 $\pm\alpha^{\circ}$ 回转限位		√	√	√	√
	倾翻报警装置		√	√	√	√
	吊臂仰起极限保护		√	√	√	√
	钢丝绳 3 圈保护		√	—	√	√
	柴油机冷却水高温报警		√	√	√	√
	柴油机机油低压力报警		√	√	√	√
	液压油滤清器堵塞报警		√	√	√	√
	牵引状态走行齿轮脱开保护		√	√	√	√
	水平仪		√	√	√	√
	外轨超高自动调平装置		—	—	—	—
起重机自重	回送状态(t)		184	176	184	184
	整备状态(t)		190	187	186	186
起重机回送状态重心高(mm)			2 000	1 925	1 978	1 970

注：本表所列机型仅限于国内新造或进口的内燃液压铁路起重机，不包括大修＋液压伸缩臂改造的机型，也不包括内燃液力、内燃电力与蒸汽铁路起重机。

我国内燃液压铁路起重机概要表(二)

型号				NS1602F3	NS1602F2	NS1602S3	NS1602S2
曾用型号				QTJS 160	QTJS 160	QTJS 160	QTJS 160
制造起始年代				1996	1998	1997	1999
制造厂				武桥重工	武桥重工	武桥重工	武桥重工
传动方式				全液压	全液压	全液压	全液压
吊臂形式				3 节伸缩臂	2 节伸缩臂	3 节伸缩臂	2 节伸缩臂
工作环境	环境温度(℃)			−25～40	−25～40	−25～40	−25～40
	海拔高度(m)			1 500	1 500	1 500	1 500
	最大相对湿度(%)			90	90	90	90
	风速(m/s)			13.8	13.8	13.8	13.8
起重量/幅度(t/m)	使用支腿	360°回转	工况 1	160/6.5	160/6.5	160/6.5	160/6.5
			工况 2	—	—	—	—
		顺轨	摆动(±)	10°,160/9.0	10°,160/9.0	10°,160/9.0	10°,160/9.0
			摆动(±)	30°,84/14.7	30°,84/14.7	30°,84/14.7	30°,84/14.7
			摆动(±)	10°,52.2/19.8	—	10°,52.2/19.8	—
		羊角钩		10°,70/10.35	10°,70/12.55	10°,70/10.35	10°,70/12.55
	不用支腿	360°回转		15/8	15/10	15/8	15/10
		顺轨	摆动(±)	10°,37/9.0	10°,37/9.0	10°,37/9.0	10°,37/9.0
			摆动(±)	360°,15/8	360°,15/10	360°,15/8	360°,15/10
			摆动(±)	—	—	—	—
最大起重力矩(t·m)				1 440	1 440	1 440	1 440
工作速度	起升(m/min)	空载		13	13	14	14
		重载		4.3	4.3	4.4	4.4
	回转(r/min)			1	1	1	1
	上车前部顺轨摆动(°/s)			—	—	—	—
	变幅时间(s)			90	90	90	90
	吊臂全伸时间(s)			90	90	90	90
	自力走行(km/h)			12	12	16	16
	回送(km/h)			120	120	120	120

续上表

线路指标	轨　距(mm)		1 435	1 435	1 435	1 435
	轴重(kN)		230	230	230	230
	通过最小曲线半径(m)		145	145	145	145
	自力走行最大坡度(平直线)‰	带吊臂平车	13	13	13	13
		无吊臂平车	—	—	—	—
	限界标准		GB 146.1—1983			
主要尺寸数据	车钩高(mm)		880	880	880	880
	尾部回转半径(m)		5.8	5.8	5.8	5.8
	吊臂长度(m)	全缩位	12.8	15	12.8	15
		二节臂全伸	19.9	24	19.9	24
		三节臂全伸	27	—	27	—
	车钩连接线水平距离(m)		12.6	12.6	12.6	12.6
	幅度范围(m)		5.07～23.95	6.4～21	5.07～23.95	6.4～21
	最大起升高度(m)		21.7	20.5	21.7	20.5
	支腿间距(横×纵)(m)	1	6.0×10.54	6.0×10.54	6.0×10.54	6.0×10.54
		2	4.8×11.51	4.8×11.51	4.8×11.51	4.8×11.51
		3	3.5×11.95	3.5×11.95	3.5×11.95	3.5×11.95
	下车定距(m)		6.2	6.2	6.2	6.2
	起重机最大宽×高(m)		3.3×4.71	3.3×4.71	3.3×4.71	3.3×4.71
动力装置	配置型式		一主一辅	一主一辅	等功率双发	等功率双发
	主柴油机	型　号	BF8L413FC	BF8L413FC	WD615.64G-12	WD615.64G-12
		额定功率(kW)	183	183	125	125
		额定转速(r/min)	2 150	2 150	2 200	2 200
		冷却方式	风冷	风冷	水冷	水冷
		吸气型式	增压	增压	增压	增压
		燃油消耗率[g/(kW·h)]	220	220	215	215
		制造厂	华北柴油机厂	华北柴油机厂	潍坊柴油机厂	潍坊柴油机厂
	备用柴油机	型　号	F6L913	F6L913	—	—
		额定功率(kW)	76	76	—	—
		额定转速(r/min)	2 800	2 800	—	—
		冷却方式	风冷	风冷	—	—
		燃油消耗率[g/(kW·h)]	—	—	—	—
		制造厂	石家庄建机厂	石家庄建机厂	—	—
	柴油箱容量(L)		500	500	500	500

续上表

				型式	开式	开式	开式	开式
液压系统	额定工作压力(MPa)			主油路	32	32	32	32
				控制油路	3	3	3	3
	液压泵	主泵		型号	A7VO160LRDH6	A7VO160LRDH6	A8VO107LAOK	A8VO107LAOK
				数量	2	2	2	2
		辅助泵		型号	CBY2040/2016	CBY2040/2016	AZPF2G2-1X-019/014	AZPF2G2-1X-019/014
				数量	2	2	2	2
		控制油路泵		型号	CBY2040/2016	CBY2040/2016	AZPF2G2-1X-019/014	AZPF2G2-1X-019/014
				数量	1	1	2	2
	液压马达型号×数量			主起升机构	CA100-SBRN/MDA10×1	CA100-SBRN/MDA10×1	CA100-SBRN/MDA10×1	CA100-SBRN/MDA10×1
				副起升机构	—	—	—	—
				回转机构	A2F107W2Z2×1	A2F107W2Z2×1	A2F107W2Z2×1	A2F107W2Z2×1
				顺轨摆动机构	—	—	—	—
				走行机构	A2F160W2Z2×2	A2F160W2Z2×2	A2F160W2Z2×2	A2F160W2Z2×2
				变幅机构	—	—	—	—
	主要液压缸	变幅		缸径/杆径×行程(mm)	360/250×3 620	360/250×3 670	360/250×3 620	360/250×3 670
				数量	2	2	2	2
		吊臂伸缩		缸径/杆径×行程(mm)	250/200×7 100	250/200×9 000	250/200×7 100	250/200×9 000
				缸径/杆径×行程(mm)	200/160×7 100	—	200/160×7 100	—
		平衡重挂放/伸缩	Ⅰ	缸径/杆径×行程(mm)	160/100×800	160/100×800	160/100×800	160/100×800
				数量	2	2	2	2
			Ⅱ	缸径/杆径×行程(mm)	—	—	—	—
				数量	—	—	—	—
		支腿	支撑	缸径/杆径×行程(mm)	280/200×400	280/200×400	280/200×400	280/200×400
				数量	4	4	4	4
			伸腿	缸径/杆径×行程(mm)	80/45×585	80/45×585	80/45×585	80/45×585
				数量	4	4	4	4

续上表

液压系统	主要阀类	多路阀	型号×数量	WYZ-8L3×1	WYZ-8L3×1	WYZ-8L3×1	WYZ-8L3×1
			型号×数量	WYZ-8L4×1	WYZ-8L4×1	WYZ-8L4×1	WYZ-8L4×1
			型号×数量	—	—	—	—
			型号×数量	—	—	—	—
		平衡阀	型号×数量	FD32FA10×1	FD32FA10×1	FD32FA10×1	FD32FA10×1
			型号×数量	FD12FA10×1	FD12FA10×1	FD12FA10×1	FD12FA10×1
			型号×数量	—	—	—	—
		先导阀	型号×数量	WYX-3×1	WYX-3×1	WYX-3×1	WYX-3×1
			型号×数量	WYX-8×1	WYX-8×1	WYX-8×1	WYX-8×1
			型号×数量	WYX-11A×1	WYX-11A×1	WYX-11A×1	WYX-11A×1
			型号×数量	—	—	—	—
	液压油箱公称容量(L)			3 000	3 000	3 000	3 000
减速机	主起升		型号×数量	专用×1	专用×1	专用×1	专用×1
			降速比	3.562 5	3.562 5	3.562 5	3.562 5
	副起升		型号×数量	—	—	—	—
			降速比	—	—	—	—
	回转		型号×数量	GFB80T3×1	GFB80T3×1	GFB80T3×1	GFB80T3×1
			降速比	186.4	186.4	186.4	186.4
	顺轨摆动		型号×数量	—	—	—	—
			降速比	—	—	—	—
	走行		型号×数量	专用×2	专用×2	专用×2	专用×2
			降速比	19.03	19.03	19.03	19.03
	变幅		型号×数量	—	—	—	—
			降速比	—	—	—	—
计算机辅助控制系统				—	—	—	—
卷筒直径(mm)	主起升			—	—	—	—
	副起升			—	—	—	—
	变幅			—	—	—	—

续上表

回转支承	型号或型式(1)			3 排滚柱式	3 排滚柱式	3 排滚柱式	3 排滚柱式
	滚道中心圆直径(mm)			3 050	3 050	3 050	3 050
	型号或型式(2)			—	—	—	—
	滚道中心圆直径(mm)			—	—	—	—
转向架	轴距(mm)			1 400+1 500+1 400	1 400+1 500+1 400	1 400+1 500+1 400	1 400+1 500+1 400
	车轮直径(mm)			840	840	840	840
	车轴类别			E	E	E	E
	承载方式			心盘	心盘	心盘	心盘
	组数×轴数/主动轴数			2×4/1	2×4/1	2×4/1	2×4/1
	轴承型号			NUHJ2232WB、NJ2232WB			
	减振方式			轴箱圆柱螺旋弹簧		轴箱圆柱螺旋弹簧	
	静挠度(mm)			—	—	—	—
	制动倍率			—	—	—	—
	闭锁液压缸型式、缸径 mm×数量			125/90-70×8	125/90-70×8	125/90-70×8	125/90-70×8
	每组转向架自重(t)			15.9	15.9	15.9	15.9
吊臂	结构/截面形式			6 边形	6 边形	6 边形	6 边形
	钢结构钢材强度(MPa)			$\sigma_s \geqslant 600$	$\sigma_s \geqslant 600$	$\sigma_s \geqslant 600$	$\sigma_s \geqslant 600$
	钢丝绳规格型号	主起升		34×7-29.5-180	34×7-29.5-180	34×7-29.5-180	34×7-29.5-180
		副起升		—	—	—	—
		变幅		—	—	—	—
取物装置	吊钩	主钩	型式	直柄双钩	直柄双钩	直柄双钩	直柄双钩
			滑轮组倍率	16	16	16	16
		副钩	型式	—	—	—	—
			滑轮组倍率	—	—	—	—
	抓斗	容量(m^3)		—	—	—	—
		滑轮组倍率		—	—	—	—
	电磁吸盘	容量(kg)		—	—	—	—
		滑轮组倍率		—	—	—	—

续上表

上车尾部平衡重	型　　式		挂放式	挂放式	挂放式	挂放式
	平衡重数量		1	1	1	1
	伸缩行程(m)		—	—	—	—
车钩型号			货车13号	货车13号	货车13号	货车13号
缓冲器型号			二号缓冲器	二号缓冲器	二号缓冲器	二号缓冲器
空气制动系统	制动机型号		GK/JZ-7	GK/JZ-7	GK/JZ-7	GK/JZ-7
	制动缸直径(mm)		254	254	254	254
	制动倍率		—	—	—	—
	闸瓦种类		—	—	—	—
电气系统	电压(V)		DC 24	DC 24	DC 24	DC 24
	蓄电池	型号	200 Ah	200 Ah	200 Ah	200 Ah
		数量	2	2	2	2
司机室	温度范围(℃)		10～25	10～25	10～25	10～25
	室内噪声 dB(A)		80	80	80	80
安全装置	力矩限制器型号		BML-5C	BML-5C	BML-5C	BML-5C
	起升高度极限保护		√	√	√	√
	顺轨 $\pm\alpha^\circ$ 回转限位		√	√	√	√
	倾翻报警装置		√	√	√	√
	吊臂仰起极限保护		√	√	√	√
	钢丝绳3圈保护		√	√	√	√
	柴油机冷却水高温报警		√	√	√	√
	柴油机机油低压力报警		√	√	√	√
	液压油滤清器堵塞报警		√	√	√	√
	牵引状态走行齿轮脱开保护		√	√	√	√
	水平仪		√	√	√	√
	外轨超高自动调平装置		—	—	—	—
起重机自重	回送状态(t)		181.6	181.6	181.6	181.6
	整备状态(t)		184	184	184	184
起重机回送状态重心高(mm)			1 970	1 970	1 970	1 970

我国内燃液压铁路起重机概要表(三)

型号				NS1253	NS1251	NS1251C	NS1252
曾用型号				—	—	—	—
制造起始年代				2008	1999	2006	1998
制造厂				武桥重工	齐轨道装备公司	齐轨道装备公司	兰州机车厂
传动方式				全液压	全液压	全液压	全液压
吊臂形式				二节伸缩臂	二节伸缩臂	二节伸缩臂	二节伸缩臂
工作环境	环境温度(℃)			−25～50	−25～45	−35～45	−25～45
	海拔高度(m)			2 500	2 000	2 000	2 500
	最大相对湿度(%)			90	95	95	95
	风速(m/s)			13.8	13.8	13.8	13.8
起重量/幅度(t/m)	使用支腿	360°回转	工况 1	125/5.7	125/5.5	125/5.5	125/6
			工况 2	94/5.5	18/18	17.5/18.32	—
		顺轨	摆动(±)	10°,125/8	30°,125/8	30°,125/8	30°,125/7
			摆动(±)	30°,125/7	30°,25/18	30°25.8/18.32	—
			摆动(±)	—	—	—	—
		羊角钩		—	70×11.37	70×11.37	70/12
	不用支腿	360°回转		20/5.5	17/5.5	22/5.5	—
		顺轨	摆动(±)	顺轨 10°42/5.5	10°,35/5.5	10°,42/5.5	—
			摆动(±)	顺轨 30°36/5.5	10°,10/18	10°,10.8/18.32	20°,50/7
			摆动(±)	—	—	30°,36/5.5	—
最大起重力矩(t·m)				1 000	1 000	1 000	875
工作速度	起升(m/min)	空载		12	12	12	11
		重载		4	4	4	4
	回转(r/min)			1	1	1	1
	上车前部顺轨摆动(°/s)			—	—	—	—
	变幅时间(s)			60	64	64	80
	吊臂全伸时间(s)			50	50	50	50
	自力走行(km/h)			12	20	20	18
	回送(km/h)			120	120	120	120

续上表

线路指标	轨距(mm)		1 435	1 435	1 435	1 435
	轴重(kN)		230	230	230	230
	通过最小曲线半径(m)		110	145	145	125
	自力走行最大坡度(平直线)‰	带吊臂平车	16	13	13	13
		无吊臂平车	25	16	16	—
	限界标准		GB 146.1—1983			
主要尺寸数据	车钩高(mm)		880	880	880	880
	尾部回转半径(m)		4.2～5.8	4.2～5.0	4.2～5.8	4.5～5.5
	吊臂长度(m)	全缩位	12.3	13.5	13.5	12.5
		二节臂全伸	20.3	21	21	20
		三节臂全伸	—	—	—	—
	车钩连接线水平距离(m)		11.6	11.369	11.369	12.2
	工作幅度范围(m)		5.5～18.3	5.5～18	5.5～18.32	6～17.5
	最大起升高度(m)		17.5	17	17	16.2
	支腿间距(横×纵)(m)	1	6×8.4	5.8×8.64	6×8.4	6.6×7
		2	4.8×9.52	4.8×9.46	4.8×9.46	6×9
		3	—	—	—	—
	下车定距(m)		5.2	5	5	5.5
	起重机最大宽×高(m)		3.34×4.59	3.3×4.76	3.3×4.76	3.2×4.38
动力装置	配置型式		等功率双发	一主一辅	等功率双发	等功率双发
	主柴油机	型号	WD61564G	WD615	WD415	WD61564G01
		额定功率(kW)	175	175	130	175
		额定转速(r/min)	2 200	2 200	2 200	2 200
		冷却方式	水冷	水冷	水冷	水冷
		吸气型式	增压	自然	自然	涡轮增压
		燃油消耗率[(g/kW·h)]	215～231	225	225	226
		制造厂	潍坊柴油机厂	潍坊柴油机厂	潍坊柴油机厂	潍坊柴油机厂
	备用柴油机	型号	—	F2L511	—	—
		额定功率(kW)	—	23	—	—
		额定转速(r/min)	—	3 000	—	—
		冷却方式	—	风冷	—	—
		燃油消耗率[(g/kW·h)]	—	250	—	—
		制造厂	—	石家庄建机厂	—	—
	柴油箱容量(L)		680	300	480	500

续上表

液压系统	型式				开式	开式	开式	开式
	额定工作压力（MPa）		主油路		32	主 28 辅 16	28	主 32.5，辅 16
			控制油路		3	3	3	3
	液压泵	主泵	型号		HPR75-02LTLPAX	A8VO107	A8VO80	A8VO107LRCH2/61R1
			数量		4	1	2	2
		辅助泵	型号		—	1PF2G3+1PF2G2	—	1PF2G3-3X/032R+1PFG2-4X/019LN20M
			数量		—	1	—	1
		控制油路泵	型号		P124-G16/16	CBK1008	CBK1012	—
			数量		2	2	2	—
	液压马达型号×数量		主起升机构		HMV165-02H1×2	A2FM107×2	A2FM107×2	A6VE80×2
			副起升机构		—	—	—	—
			回转机构		M60N-108×1	A2F107×1	A2FM107×1	A2FE107×1
			顺轨摆动机构		—	—	—	—
			走行机构		HMV165-02H1×2	GY-A6V107×2	A6V107×2	A2FM160×2
			变幅机构		—	—	—	—
	主要液压缸	变幅	缸径/杆径×行程（mm）		300/210×3 830	320/250×4 120	320/250×4 120	280/220×3 510
			数量		2	2	2	2
		吊臂伸缩	缸径/杆径×行程（mm）		220/160×8 020	220/200×7 520	220/200×7 520	220/200×7 550
			缸径/杆径×行程（mm）		—	—	—	—
		平衡重挂放/伸缩	Ⅰ	缸径/杆径×行程（mm）	140/90×1 600	挂放 150/75×700	—	伸缩 140/100×1 025
				数量	1	2	—	1
			Ⅱ	缸径/杆径×行程（mm）	—	伸缩 150/75×800	伸缩 160/80×1 600	—
				数量	—	1	1	—
		支腿	支撑	缸径/杆径×行程（mm）	280/200×630	260/200×700	260/200×700	220/160×365
				数量	4	4	4	4
			伸腿	缸径/杆径×行程（mm）	80/45×590	80/50×610	80/50×610	80/63×610
				数量	4	4	4	4

续上表

液压系统	主要阀类	多路阀	型号×数量	WYZ-8×2	WYZ2-8×2	WYZ2-8×2	7-M8×1
			型号×数量	DL35-2×2	—	—	—
			型号×数量	—	—	—	—
			型号×数量	—	—	—	—
		平衡阀	型号×数量	FD12FA×4	FD25×2	FD25×2	FD32FB2X400/B60V×1
			型号×数量	FD32FA×7	FD32×2	FD32×2	FD32FA2X/B60V×1
			型号×数量	—	—	—	—
		先导阀	型号×数量	WYX-7×2	WYX-1A×3	WYX-7H×3	4TH6E06-1X/ST43M01×1
			型号×数量	WYX-11A×2	WYX-8×1	WYX-8J×1	4TH6E06-1X/ST23M01×1
			型号×数量	—	—	—	2TH6RC06-1X/M01×1
			型号×数量	—	—	—	2TH6P06-1X/M01×1
			型号×数量	溢流阀 DBW20B×2	—	—	—
			型号×数量	溢流阀 DBDS10P×1	—	—	—
	液压油箱公称容量(L)			2 436	1 910	1 637	2 000
减速机	主起升		型号×数量	ZHP4.27-EG×1	ZHP4.25×2	ZHP4.27×1	GFT60W3×2
			降速比	127.03	83	83	86.5
	副起升		型号×数量	—	—	—	—
			降速比	—	—	—	—
	回转		型号×数量	ZHP3.27×1	GFT80	GFT80	GFB80T3×1
			降速比	204.55	150	150	150.9
	顺轨摆动		型号×数量	—	—	—	—
			降速比	—	—	—	—
	走行		型号×数量	专用×2	专用×2	专用×2	专用×2
			降速比	19.03	16	16	11
	变幅		型号×数量	—	—	—	—
			降速比	—	—	—	—
计算机辅助控制系统				—	—	—	—
卷筒直径(mm)			主起升	730	620	620	550
			副起升	—	—	—	—
			变幅	—	—	—	—

续上表

回转支承	型号或型式(1)		7397/2700G2K2	三排滚柱内啮合	三排滚柱内啮合	134.45.2800
回转支承	滚道中心圆直径(mm)		2 900	2 900	2 900	2 800
回转支承	型号或型式(2)		—	—	—	—
回转支承	滚道中心圆直径(mm)		—	—	—	—
转向架	轴距(mm)		1 500×2	1 300	1 300	1 500
转向架	车轮直径(mm)		840	840	840	840
转向架	车轴类别		A1-2	E	E	E
转向架	承载方式		心盘承载	旁承	旁承	旁承
转向架	组数×轴数/主动轴数		2×3/1	2×3/1	2×3/1	2×3/1
转向架	轴承型号		NJ2232WB，NU2232WB，NUHJ2232WB	552732QT、652732QT、752732QT	552732QT、652732QT、752732QT	552732QT、652732QT、752732QT
转向架	减振方式		圆柱螺旋弹簧+油压减振器	圆柱螺旋弹簧	圆柱螺旋弹簧	圆柱螺旋弹簧，油压减震器
转向架	静挠度(mm)		95	48	48	90
转向架	制动倍率		16	10	10	10
转向架	闭锁液压缸型式、缸径(mm)×数量		80×12	双向 80/50×6	双向 80/50×6	100×12
转向架	每组转向架自重(t)		10.7	9.4	9.4	9.36
吊臂	结构/截面形式		六边形	箱形	箱形	六边形
吊臂	钢结构钢材强度(MPa)		$\sigma_s \geq 685$	$\sigma_b \geq 685$	$\sigma_b \geq 685$	$\sigma_b \geq 685$
吊臂	钢丝绳规格型号	主起升	28	22NAT4V×39S	22NAT4V×39S	NAT18×7-23-1770
吊臂	钢丝绳规格型号	副起升	—	—	—	—
吊臂	钢丝绳规格型号	变幅	—	—	—	—
取物装置	吊钩 主钩	型式	直柄双钩	直柄双钩	直柄双钩	直柄双钩
取物装置	吊钩 主钩	滑轮组倍率	10	16	16	16
取物装置	吊钩 副钩	型式	—	—	—	—
取物装置	吊钩 副钩	滑轮组倍率	—	—	—	—
取物装置	抓斗	容量(m^3)	—	—	—	—
取物装置	抓斗	滑轮组倍率	—	—	—	—
取物装置	电磁吸盘	容量(kg)	—	—	—	—
取物装置	电磁吸盘	滑轮组倍率	—	—	—	—

续上表

上车尾部平衡重	型式		伸缩式	伸缩＋挂放式	伸缩式	伸缩式
	平衡重数量		1	2	1	1
	伸缩行程(m)		1.6	0.8	1.6	1
车钩型号			货车 13 号	专用 13 号	专用 13 号	货车 13A 型
缓冲器型号			MT	圆柱螺旋弹簧	圆柱螺旋弹簧	ST
空气制动系统	制动机型号		JZ-7	JZ-7	JZ-7	JZ-7
	制动缸直径(mm)		203	254	254	254
	制动倍率		16	8	8	—
	闸瓦种类		HT150	低摩	高摩	铸铁
电气系统	电压(V)		DC24	DC24	DC24	DC24
	蓄电池	型号	190Ah	—	—	6-FM-185
		数量	2	2	2	2
司机室	温度范围(℃)		0～20	10～28	10～28	—
	室内噪声 dB(A)		85	85	85	85
安全装置	力矩限制器型号		BML-7C	DS150	DS380	DS380
	起升高度极限保护		√	√	√	√
	顺轨±α°回转限位		√	√	√	√
	倾翻报警装置		√	—	—	√
	吊臂仰起极限保护		√	√	√	√
	钢丝绳 3 圈保护		√	√	√	√
	柴油机冷却水高温报警		√	√	√	√
	柴油机机油低压力报警		√	√	√	√
	液压油滤清器堵塞报警		√	√	√	√
	牵引状态走行齿轮脱开保护		√	—	—	√
	水平仪		√	—	—	√
	外轨超高自动调平装置		—	—	—	—
起重机自重	回送状态(t)		137	137	136	—
	整备状态(t)		139	139	137	138
起重机回送状态重心高(mm)			1 968	1 956	1 890	1 850

我国内燃液压铁路起重机概要表(四)

型　　号				N1003	NS1001	RC-N1005-TZR	NZS1002
曾用型号				—	N1004	—	—
制造起始年代				1991	1993	1998	2002
制造厂				山桥集团	兰州机车厂	兰州机车厂	山桥集团
传动方式				全液压	全液压	全液压	全液压
吊臂形式				主、副钩定长臂	二节伸缩臂	主、副钩伸缩臂	二节伸缩臂
工作环境	环境温度(℃)			−20～45	−25～45	0～45	−20～45
	海拔高度(m)			2 000	2 500	2 500	2 000
	最大相对湿度(%)			90	95	110	90
	风速(m/s)			13.8	13.8	13.8	13.8
起重量/幅度(t/m)	使用支腿	360°回转	工况 1	主 100/5.5～6.5	100/6.5	主钩 100/6	100/6.5
			工况 2	副 32/11～13	—	—	—
		顺轨	摆动(±)	30°主 100/7～8	30°,70/10	20°,100/7	25°,70/10
			摆动(±)	—	—	—	—
			摆动(±)	—	—	—	—
		羊角钩		—	—	—	—
	不用支腿	360°回转		副 10/8.5	—	副钩 15/7	—
		顺轨	摆动(±)	10°,20/10	0°,32/6	0°,15/10	—
			摆动(±)	—	—	—	—
			摆动(±)	—	—	—	—
最大起重力矩(t·m)				800	700	700	700
工作速度	起升(m/min)	空载		—	11	主 11,副 15	15
		重载		主 3 副 14	3	主 3	—
	回转(r/min)			1	1	1	1.5
	上车前部顺轨摆动(°/s)			—	—	—	—
	变幅时间(s)			120	64	64	65
	吊臂全伸时间(s)			—	50	60	50
	自力走行(km/h)			12	18	15	10
	回送(km/h)			80	80	90	80

续上表

线路指标	轨距(mm)		1 435	1 435	1 067	1 067
	轴重(kN)		230	230	200	149.8
	通过最小曲线半径(m)		145	145	107	100
	自力走行最大坡度(平直线)(‰)	带吊臂平车	12	13	13	20
		无吊臂平车	—	—	—	—
	限界标准		GB 146.1—1983	GB 146.1—1983	坦赞铁路限界	台湾铁路限界
主要尺寸数据	车钩高(mm)		880	880	895	890
	尾部回转半径(m)		5	5	5	5.0～6.5
	吊臂长度(m)	全缩位	主 14.9 副 16	12.5	13.05	13
		二节臂全伸	—	20	20.55	21
		三节臂全伸	—	—	—	—
	车钩连接线水平距离(m)		11.24	15	11.24	12
	幅度范围(m)		5.0～15	6.5～17.5	6～17.5	6.5～12
	最大起升高度(m)		13.3	16	15	16
	支腿间距(横×纵)(m)	1	6.0×7.85	6×8.4	6.2×6.2	6.75×7.0
		2	—	—	4.8×8.985	5.2×9.9
		3	—	—	2.8×9.778	—
	下车定距(m)		5	5	5	5.4
	起重机最大宽×高(m)		3.36×4.662	3.2×4.66	3×4.041	2.9×4.0
动力装置	配置型式		一主一辅	一主一辅	一主一辅	一主一辅
	主柴油机	型号	F8L413F	WD61567G3	WD61567G3	M11-C250
		额定功率(kW)	147	162	162	186
		额定转速(r/min)	2 000	2 200	2 200	2 100
		冷却方式	风	水	水	水
		吸气型式	自然	涡轮增压	涡轮增压	—
		燃油消耗率[g/(kW·h)]	—	226	226	—
		制造厂	—	潍坊柴油机厂	潍坊柴油机厂	康明斯型
	备用柴油机	型号	F3L911	495k2	495k2	52DGHC
		额定功率(kW)	20	40.5	40.5	52
		额定转速(r/min)	3 000	2 200	2 200	—
		冷却方式	风冷	水冷	水冷	水冷
		燃油消耗率[g/(kW·h)	—	—	—	—
		制造厂	—	蚌埠柴油机厂	蚌埠柴油机厂	康明斯型
	柴油箱容量(L)		—	500	500	—

续上表

液压系统	型式				—	开式	开式	—
	额定工作压力（MPa）			主油路	—	主 30，辅 16	主 32，辅 16	—
				控制油路	—	3	3	—
	液压泵	主泵		型号	A8V107	A7V160LV	A7V160LV	HPR100DR. LS. LB+GP2D15
				数量	—	2	2	—
		辅助泵		型号	A2F28	CBY2025/2025	CBY2025/2025	MPR45R-01. LS. DA+GP2D15
				数量	—	1	1	—
		控制油路泵		型号	CBGF1040/1018	CBY2016	CBY2016	—
				数量	—	2	2	—
	液压马达型号×数量			主起升机构	A2F160×1	A2F160W2Z2×2	A2F160W2Z2×2	A2FE125
				副起升机构	A2F160×1	—	—	—
				回转机构	A2F160×1	A2F160W2Z2×1	A2F160W2Z2×1	A2FE45
				顺轨摆动机构	—	—	—	—
				走行机构	A2F160×2	A2F160W2Z2×2	A2F160W2Z2×2	A2F
				变幅机构	A2F160×1	—	—	—
	主要液压缸	变幅		缸径/杆径×行程(mm)	—	280/220×3 510	280/220×3 510	—
				数量	—	2	2	—
		吊臂伸缩		缸径/杆径×行程(mm)	—	220/200×7 550	220/200×7 550	—
				缸径/杆径×行程(mm)	—	—	—	—
		平衡重挂放/伸缩	Ⅰ	缸径/杆径×行程(mm)	—	—	—	—
				数量	—	—	—	—
			Ⅱ	缸径/杆径×行程(mm)	—	—	—	—
				数量	—	—	—	—
		支腿	支撑	缸径/杆径×行程(mm)	—	220/160×365	220/160×365	—
				数量	—	4	4	—
			伸腿	缸径/杆径×行程(mm)	—	80/63×610	80/63×610	—
				数量	—	4	4	—

续上表

液压系统	主要阀类	多路阀	型号×数量	—	DLY32×2	DLY32×2	—
			型号×数量	—	—	—	—
			型号×数量	—	—	—	—
			型号×数量	—	—	—	—
		平衡阀	型号×数量	—	FD32FB10/B60×2	FD32FB10/B60×2	—
			型号×数量	—	FD32FA10/B60×1	FD32FA10/B60×1	—
			型号×数量	—	—	—	—
		先导阀	型号×数量	—	4BJSAA104S×2	4BJSAA104S×2	—
			型号×数量	—	2BJSBC206×1	2BJSBC206×1	—
			型号×数量	—	1BJSBK06×1	1BJSBK06×1	—
			型号×数量	—	—	—	—
	液压油箱公称容量(L)			—	2 000	2 000	1 600
减速机	主起升		型号×数量	—	GJW110E×2	GJW110E×2	—
			降速比	—	50	50	—
	副起升		型号×数量	—	—	GJW80E×1	—
			降速比	—	—	80	—
	回转		型号×数量	—	GFB105K4	GFB105K4	—
			降速比	—	159.63	159.63	—
	顺轨摆动		型号×数量	—	—	—	—
			降速比	—	—	—	—
	走行		型号×数量	—	专用×2	专用×2	—
			降速比	—	11	11	—
	变幅		型号×数量	—	—	—	—
			降速比	—	—	—	—
计算机辅助控制系统				—	—	—	—
卷筒直径(mm)			主起升	—	550	550	—
			副起升	—	—	—	—
			变幅	—	—	—	—

续上表

回转支承	型号或型式(1)			三排滚柱内啮合	—	134.45.2500	—
	滚道中心圆直径(mm)			2 900	3 150	2 500	—
	型号或型式(2)			—	—	—	—
	滚道中心圆直径(mm)			—	—	—	—
转向架	轴距(mm)			1 300	1 300	1 300	1 400
	车轮直径(mm)			840	840	840	860
	车轴类别			E	E	E	—
	承载方式			旁承	旁承	旁承	旁承
	组数×轴数/主动轴数			2×3/1	2×3/1	2×3/1	2×3/1
	轴承型号			972832T	552732QT、652732QT、752732QT	552732QT、652732QT、752732QT	SKF1637503B
	减振方式			圆柱螺旋弹簧	圆柱螺旋弹簧	圆柱螺旋弹簧	—
	静挠度(mm)			48	56	53	—
	制动倍率			10	10	11	—
	闭锁液压缸型式、缸径(mm)×数量			—	100×12	100×12	—
	每组转向架自重(t)			9.4	9.35	7.90	—
吊臂	结构/截面形式			板梁式	四边形	六边形	—
	钢结构钢材强度(MPa)			—	$\sigma_s \geq 345$	$\sigma_b \geq 685$	—
	钢丝绳规格型号	主起升		6W(19)-24	NAT18×7-23-1770	NAT18×7-23-1770	6×37-26
		副起升		—	—	—	—
		变幅		—	—	—	—
取物装置	吊钩	主钩	型式	直柄双钩	直柄双钩	直柄双钩	—
			滑轮组倍率	—	16	16	—
		副钩	型式	直柄单钩	—	直柄单钩	—
			滑轮组倍率	—	—	6	—
	抓斗	容量(m^3)		—	—	—	—
		滑轮组倍率		—	—	—	—
	电磁吸盘	容量(kg)		—	—	—	—
		滑轮组倍率		—	—	—	—

续上表

上车尾部平衡重	型式		挂放式	顶升式	顶升式	—
	平衡重数量		2	1	1	—
	伸缩行程(m)		—	—	—	—
车钩型号			专用13号	货车13A	—	专用13号
缓冲器型号			圆柱螺旋弹簧	ST	ST	圆柱螺旋弹簧
空气制动系统	制动机型号		ET-6	JZ-7	JZ-7	—
	制动缸直径(mm)		—	254	254	104
	制动倍率		—	—	—	—
	闸瓦种类		—	铸铁	铸铁	—
电气系统	电压(V)		DC 24	DC 24	DC 24	DC 24
	蓄电池	型号	—	6-QA-192D	GNC140	—
		数量	—	2	20	—
司机室	温度范围(℃)		—	—	—	—
	室内噪声 dB(A)		—	85	85	—
安全装置	力矩限制器型号		BML-2C/QTJ	DS150	DS150	DS150
	起升高度极限保护		√	√	√	√
	顺轨±α°回转限位		√	√	√	√
	倾翻报警装置		—	√	√	—
	吊臂仰起极限保护		—	√	√	—
	钢丝绳3圈保护		—	√	√	—
	柴油机冷却水高温报警		√	√	√	√
	柴油机机油低压力报警		√	√	√	√
	液压油滤清器堵塞报警		√	√	√	—
	牵引状态走行齿轮脱开保护		√	√	√	√
	水平仪		—	√	√	—
	外轨超高自动调平装置		—	—	—	—
起重机自重	回送状态(t)		133	—	—	113.2
	整备状态(t)		—	138	120	113.6
起重机回送状态重心高(mm)			—	1 850	1 800	—

我国内燃液压铁路起重机概要表(五)

型号				TRC-N1005-TZR
曾用型号				—
制造起始年代				2001
制造厂				武桥重工
传动方式				全液压
吊臂形式				二节伸缩臂
工作环境	环境温度(℃)			0～45
	海拔高度(m)			1 800
	最大相对湿度(%)			70
	风速(m/s)			15.5
起重量/幅度(t/m)	使用支腿	360°回转	工况1	主钩100/6
			工况2	副钩15/7
		顺轨	摆动(±)	20°,100/7
			摆动(±)	—
			摆动(±)	—
		羊角钩		—
	不用支腿	360°回转		15/5.5
		顺轨	摆动(±)	0°,15/10
			摆动(±)	—
			摆动(±)	—
最大起重力矩(t·m)				700
工作速度	起升(m/min)	空载		11
		重载		4
	回转(r/min)			1
	上车前部顺轨摆动(°/s)			—
	变幅时间(s)			64
	吊臂全伸时间(s)			60
	自力走行(km/h)			10
	回送(km/h)			90
线路指标	轨距(mm)			1 067
	轴重(kN)			200
	通过最小曲线半径(m)			107
	自力走行最大坡度(平直线)(‰)	带吊臂平车		13
		无吊臂平车		20
	限界标准			坦赞铁路限界

主要尺寸数据	车钩高(mm)			895
	尾部回转半径(m)			5.2
	吊臂长度(m)	全缩位		13.3
		二节臂全伸		19.9
		三节臂全伸		—
	车钩连接线水平距离(m)			11.72
	幅度范围(m)			5.1-15.5
	最大起升高度(m)			主14.5,副16
	支腿间距(横×纵)(m)	1		6.2×6.2
		2		4.8×9.11
		3		2.8×9.91
	下车定距(m)			5
	起重机最大宽×高(m)			3.05×4.03
动力装置	配置型式			一主一辅
	主柴油机	型号		WD61564G
		额定功率(kW)		175
		额定转速(r/min)		2 200
		冷却方式		水冷
		吸气型式		增压
		燃油消耗率[g/(kW·h)]		215～231
		制造厂		潍坊柴油机厂
	备用柴油机	型号		F6L913
		额定功率(kW)		75
		额定转速(r/min)		2 300
		冷却方式		风冷
		燃油消耗率[g/(kW·h)]		222～230
		制造厂		DEUTZ
	柴油箱容量(L)			500
液压系统	型式			开式
	额定工作压力(MPa)	主油路		32
		控制油路		3
	液压泵	主泵	型号	A8V080LAOK
			数量	1
		辅助泵	型号	A8V055LAOK
			数量	1
		控制油路泵	型号	1PF2G2
			数量	2

续上表

液压系统	液压马达型号×数量			主起升机构	A6VE80EZ4×2
				副起升机构	A2FE56×1
				回转机构	A2FE90×1
				顺轨摆动机构	—
				走行机构	A2FM125×1
				变幅机构	—
	主要液压缸	变幅		缸径/杆径×行程(mm)	280/220×3 040
				数量	2
		吊臂伸缩		缸径/杆径×行程(mm)	220/160×6 600
				缸径/杆径×行程(mm)	—
		平衡重挂放/伸缩	Ⅰ	缸径/杆径×行程(mm)	110/80×700
				数量	2
			Ⅱ	缸径/杆径×行程(mm)	—
				数量	—
		支腿	支撑	缸径/杆径×行程(mm)	220/160×390
				数量	4
			伸腿	缸径/杆径×行程(mm)	80/45×570
				数量	4
	主要阀类	多路阀		型号×数量	8M8-18×1
				型号×数量	DL31-2×2
				型号×数量	—
				型号×数量	—
		平衡阀		型号×数量	FD12FA×1
				型号×数量	FD16FA×1
				型号×数量	FD32FA×3

液压系统	主要阀类	先导阀	型号×数量	4TH6E06×2
			型号×数量	4TH7G06×1
			型号×数量	—
			型号×数量	—
			型号×数量	溢流阀 DBW10B×2
			型号×数量	溢流阀 DBDS10P×5
	液压油箱公称容量(L)			2 000
减速机	主起升		型号×数量	GFT40W2×2
			降速比	59.13
	副起升		型号×数量	GFT17W2×1
			降速比	45.4
	回转		型号×数量	GFB60T3×1
			降速比	170.9
	顺轨摆动		型号×数量	—
			降速比	—
	走行		型号×数量	QJRS750×2
			降速比	20.06
	变幅		型号×数量	—
			降速比	—
计算机辅助控制系统				—
卷筒直径(mm)			主起升	456
			副起升	400
			变幅	—
回转支承	型号或型式(1)			133.45.2800
	滚道中心圆直径(mm)			2 800
	型号或型式(2)			—
	滚道中心圆直径(mm)			—

续上表

转向架	轴距(mm)			1 450×2
转向架	车轮直径(mm)			840
转向架	车轴类别			A1-2
转向架	承载方式			心盘承载
转向架	组数×轴数/主动轴数			2×3/1
转向架	轴承型号			NJ2232WB，NU2232WB，NUHJ2232WB
转向架	减振方式			圆柱螺旋弹簧＋油压减振器
转向架	静挠度(mm)			70
转向架	制动倍率			16
转向架	闭锁液压缸型式、缸径(mm)×数量			80×12
转向架	每组转向架自重(t)			10.8
吊臂	结构/截面形式			六边形
吊臂	钢结构钢材强度(MPa)			$\sigma_s \geqslant 590$
吊臂	钢丝绳规格型号	主起升		24
吊臂	钢丝绳规格型号	副起升		18.5
吊臂	钢丝绳规格型号	变幅		—
取物装置	吊钩	主钩	型式	直柄双钩
取物装置	吊钩	主钩	滑轮组倍率	16
取物装置	吊钩	副钩	型式	单钩
取物装置	吊钩	副钩	滑轮组倍率	4
取物装置	抓斗	容量(m^3)		—
取物装置	抓斗	滑轮组倍率		—
取物装置	电磁吸盘	容量(kg)		—
取物装置	电磁吸盘	滑轮组倍率		—

上车尾部平衡重	型式		挂放
上车尾部平衡重	平衡重数量		1
上车尾部平衡重	伸缩行程(m)		—
车钩型号			货车 13 号
缓冲器型号			MT
空气制动系统	制动机型号		JK
空气制动系统	制动缸直径(mm)		203
空气制动系统	制动倍率		16
空气制动系统	闸瓦种类		HT150
电气系统	电压(V)		DC 24
电气系统	蓄电池	型号	190Ah
电气系统	蓄电池	数量	2
司机室	温度范围(℃)		0～20
司机室	室内噪音 dB(A)		85
安全装置	力矩限制器型号		PAT150
安全装置	起升高度极限保护		√
安全装置	顺轨$\pm\alpha^\circ$回转限位		√
安全装置	倾翻报警装置		√
安全装置	吊臂仰起极限保护		√
安全装置	钢丝绳 3 圈保护		√
安全装置	柴油机冷却水高温报警		√
安全装置	柴油机机油低压力报警		√
安全装置	液压油滤清器堵塞报警		√
安全装置	牵引状态走行齿轮脱开保护		—
安全装置	水平仪		√
安全装置	外轨超高自动调平装置		—
起重机自重	回送状态(t)		120
起重机自重	整备状态(t)		122
起重机回送状态重心高(mm)			1 890

我国内燃液压铁路起重机概要表(六)

型　　号				NS0631	NS0632	NZS0631	N603/604
曾用型号				—	—	—	—
制造起始年代				1999	2002	1996	1997
制造厂				齐轨道交通公司	兰州机车厂	齐轨道交通公司	齐轨道交通公司
传动方式				全液压	全液压	全液压	全液压
吊臂形式				二节伸缩臂	二节伸缩臂	二节伸缩臂	定长臂
工作环境	环境温度(℃)			－25～45	－35～45	－10～45	－10～45
	海拔高度(m)			2 000	1 800	2 000	1 000
	最大相对湿度(%)			90	90	90	90
	风速(m/s)			13.8	13.8	13.8	13.8
起重量/幅度(t/m)	使用支腿	360°回转	工况1	63/5.2	63/6	63/5.2	60/5.2
			工况2	10/16	—	9/16	—
		顺轨	摆动(±)	25°,63/7	30°,25/8	25°,63/7	20°,60/5.2～7
			摆动(±)	25°,16/19	—	25°,14.5/16	—
			摆动(±)	—	—	15°,40/9	—
		羊角钩		—	—	—	—
	不用支腿	360°回转		8.5/7	—	5.5/7	7/5.2
		顺轨	摆动(±)	—	30°,10/8	0°,5.5/7	0°,15/6
			摆动(±)	—	—	0°,1.5/10	0°,2/12
			摆动(±)	—	—	—	—
最大起重力矩(t·m)				441	378	441	420
工作速度	起升(m/min)	空载		12	11	8	8
		重载		5	4	4	4
	回转(r/min)			1	1	1.5	1
	上车前部顺轨摆动(°/s)			—	—	—	—
	变幅时间(s)			60	64	60	90
	吊臂全伸时间(s)			50	50	45	—
	自力走行(km/h)			15	20	12	6
	回送(km/h)			80	80	70	60

续上表

线路指标	轨距(mm)		1 435	1 435	1 000	1 000/1 067
	轴重(kN)		230	153	150	122
	通过最小曲线半径(m)		75	145	80	62.4/80
	自力走行最大坡度(平直线)(‰)	带吊臂平车	30	20	12	12
		无吊臂平车	—	—	—	—
	限界标准		GB 146.1—1983	GB 146.1—1983	昆明局米轨限界	缅甸/尼日利亚限界
主要尺寸数据	车钩高(mm)		880	880	880	584/864
	尾部回转半径(m)		3.5	4	3.2	4.3
	吊臂长度(m)	全缩位	13	12.5	11.72	12.6
		二节臂全伸	21	20	19	—
		三节臂全伸	—	—	—	—
	车钩连接线水平距离(m)		10.100	11.778	10.4	10.899/10.945
	幅度范围(m)		5.2～19	6～18	5.2～16	5.2～12
	最大起升高度(m)		19.8	16.9	11	11
	支腿间距(横×纵)(m)	1	5.5×5.6	5.9×6	5.5×5.2	5×5.5
		2	3.8×8.15	4.8×8.4	3.5×8.1	3.5×8.01
		3	—	—	2.36×8.36	—
	下车定距(m)		4.5	5	4.5	4.5
	起重机最大宽×高(m)		3.19×4.087	3.1×4	2.9×3.84	2.8×3.47
动力装置	配置型式		一主一辅	一主一辅	一主一辅	一主一辅
	主柴油机	型号	WD615	WD6126.67G3	WD615	WD61500G
		额定功率(kW)	110	158	170	110
		额定转速(r/min)	2 150	2 200	2 150	2 150
		冷却方式	水冷	水冷	水冷	水冷
		吸气型式	自然	涡轮增压	自然	自然
		燃油消耗率[g/(kW·h)]	225	226	225	220
		制造厂	潍坊柴油机厂	潍坊柴油机厂	潍坊柴油机厂	潍坊柴油机厂
	备用柴油机	型号	F2L511	F4L912	F2L511	F2L511
		额定功率(kW)	23	46	23	25.7
		额定转速(r/min)	3 000	2 300	3 000	3 000
		冷却方式	风冷	风冷	风冷	风冷
		燃油消耗率[g/(kW·h)]	250	—	250	220
		制造厂	石家庄建机厂	石家庄建机厂	石家庄建机厂	石家庄建机厂
	柴油箱容量(L)		300	500	300	320

续上表

液压系统	型式				开式	开式	开式	开式
	额定工作压力(MPa)			主油路	28	主 30，辅 16	28	主 25，辅 16
				控制油路	3	3	3	3
	液压泵	主泵		型号	A8V107	V30D-075RDN	A8V107	A8V107
				数量	1	1	1	1
		辅助泵		型号	CBK1025/8	CBGj1020/1020/1020	CBK1025/8	CBK1025/8
				数量	1	1	1	1
		控制油路泵		型号	CBK1012/10	—	CBK1008	CBK1012/10-A3
				数量	1	—	1	1
	液压马达型号×数量			主起升机构	A6V160×1	A6VE55EP2D/63W×2	A2F160×1	A2F160W2Z2×1
				副起升机构	—	—	—	A2F160W2Z2×1
				回转机构	A2F107×1	A2FM107/61W×1	A2F107×1	A2F107W2Z2×1
				顺轨摆动机构	—	—	—	—
				走行机构	A6V160×2	A2FM107/61W×2	A2F107×2	A2F107W2Z2×2
				变幅机构	—	—	—	A2F160W2Z2×1
	主要液压缸	变幅		缸径/杆径×行程(mm)	250/200	320×250×3 390	250/200	—
				数量	2	2	2	—
		吊臂伸缩		缸径/杆径×行程(mm)	180/160	220×200×7 550	180/160	—
				缸径/杆径×行程(mm)	—	—	—	—
		平衡重挂放/伸缩	Ⅰ	缸径/杆径×行程(mm)	—	140×100×2 000	—	110/75×310
				数量	—	1	—	2
			Ⅱ	缸径/杆径×行程(mm)	—	—	—	—
				数量	—	—	—	—
		支腿	支撑	缸径/杆径×行程(mm)	210/160×365	220×160×365	210/160×365	210/160×310
				数量	4	4	4	4
			伸腿	缸径/杆径×行程(mm)	80/50×610	80/63×610	80/50×110	80/65×610
				数量	4	4	4	4

续上表

液压系统	主要阀类	多路阀	型号×数量	WYZ-8H×1	PSM61×2	WYZ-8H×1	WYZ-8F×1
液压系统	主要阀类	多路阀	型号×数量	WYZ-2X×1	—	WYZ-2×1	WYZ-2G×1
液压系统	主要阀类	多路阀	型号×数量	—	—	—	—
液压系统	主要阀类	多路阀	型号×数量	—	—	—	—
液压系统	主要阀类	平衡阀	型号×数量	FD25F×2	FD25FB10/B60-340×1	FD25F×2	FD32FA10/B06×2
液压系统	主要阀类	平衡阀	型号×数量	FD32F×1	—	FD32F×1	—
液压系统	主要阀类	平衡阀	型号×数量	—	—	—	—
液压系统	主要阀类	先导阀	型号×数量	WYX-1A×3	VV8B3D2K-2ZP-3ZP×2	WYX-1A×3	WYX-1A×2
液压系统	主要阀类	先导阀	型号×数量	—	S22M-2RP×1	—	WYX-8
液压系统	主要阀类	先导阀	型号×数量	—	—	—	—
液压系统	主要阀类	先导阀	型号×数量	—	—	—	—
液压系统	液压油箱公称容量(L)			1 637	2 500	1 360	1 191
减速机	主起升		型号×数量	ZHP4.25×1	GFT36W3B79	ZHP4.25×1	QJW110E10
减速机	主起升		降速比	53	79.4	53	50
减速机	副起升		型号×数量	—	—	—	—
减速机	副起升		降速比	—	—	—	—
减速机	回转		型号×数量	GFB105	GFB36T3	GFB105	GFB105K11
减速机	回转		降速比	159.3	132	159.3	159.43
减速机	顺轨摆动		型号×数量	—	—	—	—
减速机	顺轨摆动		降速比	—	—	—	—
减速机	走行		型号×数量	专用×2	专用×2	专用×2	专用×2
减速机	走行		降速比	—	11	19.4	—
减速机	变幅		型号×数量	—	—	—	GJW110E11
减速机	变幅		降速比	—	—	—	50
计算机辅助控制系统				—	—	—	—
卷筒直径(mm)			主起升	680	500	680	670
卷筒直径(mm)			副起升	—	—	—	—
卷筒直径(mm)			变幅	—	—	—	540

续上表

回转支承		型号或型式(1)	013.60.2500	—	133.45.2500	014.60.2240
回转支承		滚道中心圆直径(mm)	2 500	—	2 500	2 240
回转支承		型号或型式(2)	—	—	—	—
回转支承		滚道中心圆直径(mm)	—	—	—	—
转向架		轴距(mm)	1 800	1 300	1 200	1 200
转向架		车轮直径(mm)	840	840	750	724
转向架		车轴类别	E	E	D	D
转向架		承载方式	旁承	旁承	旁承	旁承
转向架		组数×轴数/主动轴数	2×2/1	2×3/1	2×3/1	2×3/1
转向架		轴承型号	552732QT 752732QT	552732QT、 652732QT、 752732QT	197726	“AAR”C级 (5”×9”)
转向架		减振方式	圆柱螺旋弹簧	圆柱螺旋弹簧	圆柱螺旋弹簧	圆柱螺旋弹簧
转向架		静挠度(mm)	48	54	55.8	45
转向架		制动倍率	5.6	10	9.71	8.8
转向架		闭锁液压缸型式、缸径(mm)×数量	80/50×6	—	80/50×6	双向、63×6
转向架		每组转向架自重(t)	6.33	8.87	7	5.85
吊臂		结构/截面形式	箱形	六边形	箱形	板梁式
吊臂		钢结构钢材强度(MPa)	$\sigma_b \geq 685$	—	$\sigma_b \geq 400$	(16Mn)
吊臂	钢丝绳规格型号	主起升	18×7-22.5	—	18×7-22.5	18×7-22.5-170
吊臂	钢丝绳规格型号	副起升	—	—	—	—
吊臂	钢丝绳规格型号	变幅	—	—	—	18×7-22.5-170
取物装置	吊钩 主钩	型式	直柄双钩	直柄双钩	直柄双钩	直柄双钩
取物装置	吊钩 主钩	滑轮组倍率	10	12	10	10
取物装置	吊钩 副钩	型式	—	—	—	—
取物装置	吊钩 副钩	滑轮组倍率	—	—	—	—
取物装置	抓斗	容量(m^3)	—	—	—	—
取物装置	抓斗	滑轮组倍率	—	—	—	—
取物装置	电磁吸盘	容量(kg)	—	—	—	—
取物装置	电磁吸盘	滑轮组倍率	—	—	—	—
上车尾部平衡重		型式	固定	固定	固定	挂放式
上车尾部平衡重		平衡重数量	1	1	1	2
上车尾部平衡重		伸缩行程(m)	—	—	—	—

续上表

车钩型号			专用13号	货车13A	货车2号	子母钩/ABC
缓冲器型号			圆柱螺旋弹簧	ST	—	—
空气制动系统	制动机型号		JZ-7	GK	104	真空制动
	制动缸直径(mm)		254	254	178	203
	制动倍率		8	—	8	—
	闸瓦种类		低摩	铸铁	低摩	中磷铸铁
电气系统	电压(V)		DC 24	DC 24	DC 24	DC 24
	蓄电池	型号	—	680 25D	—	6-QA-165
		数量	2	2	4	2
司机室	温度范围(℃)		10～28	—	10～28	—
	室内噪声 dB(A)		85	85	85	—
安全装置	力矩限制器型号		DS150	PAT-PDC	DS150	—
	起升高度极限保护		√	√	√	√
	顺轨±α°回转限位		√	√	√	√
	倾翻报警装置		—	√	—	—
	吊臂仰起极限保护		√	√	√	√
	钢丝绳3圈保护		√	√	√	—
	柴油机冷却水高温报警		√	√	√	√
	柴油机机油低压力报警		√	√	√	√
	液压油滤清器堵塞报警		√	√	√	√
	牵引状态走行齿轮脱开保护		—	√	—	√
	水平仪		—	√	—	√
	外轨超高自动调平装置		—	—	—	—
起重机自重	回送状态(t)		91	—	87	72
	整备状态(t)		93	92	88	75
起重机回送状态重心高(mm)			1 650	1 800	1 620	—

我国内燃液压铁路起重机概要表(七)

				NS0321/A	NS0201	NS0201A	BT 8.3
型　　号				NS0321/A	NS0201	NS0201A	BT 8.3
曾用型号				—	—	—	—
制造起始年代				2005/2007	2003	2003	1997
制造厂				齐轨道交通公司	兰州机车厂	齐轨道交通公司	兰州机车厂
传动方式				全液压	全液压	全液压	全液压
吊臂形式				二节伸缩臂	二节伸缩臂	三节伸缩臂	二节伸缩臂
工作环境	环境温度(℃)			−35～50	−25～45	−25～45	−20～53
	海拔高度(m)			2 000	1 800	2 000	1 800
	最大相对湿度(%)			90	90	95	110
	风速(m/s)			13.8	13.8	13.8	15.5
起重量/幅度(t/m)	使用支腿	360°回转	工况1	32/6.5	20/6	20/4	—
			工况2	—	—	—	—
		顺轨	摆动(±)	30°,32/7	30°,20/7	30°,20/6.9	—
			摆动(±)	—	—	—	—
			摆动(±)	30°,15/12	—	—	—
		羊角钩		—	—	—	—
	不用支腿	360°回转		8/5	—	10.7/3	8/3
		顺轨	摆动(±)	30°,5.2/12/7/12	10°,8/8	30°,20/4	20°,1.5/13.5
			摆动(±)	0°,6/11	—	—	—
			摆动(±)	0°,15/5	—	—	—
最大起重力矩(t·m)				224	140	138	24
工作速度	起升(m/min)	空载		15	12	15	15
		重载		4	4	8	7.5
	回转(r/min)			1.8	2	2	2.5/5
	上车前部顺轨摆动(°/s)			—	—	—	—
	变幅时间(s)			35	64	45	40
	吊臂全伸时间(s)			35	50	85	30
	自力走行(km/h)			15	20	15	25/40
	回送(km/h)			120	80	80	80

续上表

线路指标	轨距(mm)		1 435	1 435	1 435	1 676
	轴重(kN)		20	140	120	120
	通过最小曲线半径(m)		80	60	100	350
	自力走行最大坡度(平直线)(‰)	带吊臂平车	—	—	—	—
		无吊臂平车	20	20	13	16.7
	限界标准		GB 146.1—1983	GB 146.1—1983	GB 146.1—1983	巴基斯坦限界
主要尺寸数据	车钩高(mm)		880	880	880	—
	尾部回转半径(m)		2.8/3.2	3.4	2.875	2.1
	吊臂长度(m)	全缩位	10	9.9	7.11	9.6
		二节臂全伸	16	20.1	10.5	15.2
		三节臂全伸	—	—	15.25	—
	车钩连接线水平距离(m)		9.5	9.938	8.919	10
	幅度范围(m)		4～14.5	6～15	3～13.5	3～13.5
	最大起升高度(m)		15	10.5	12	10.15
	支腿间距(横×纵)(m)	1	5×5	4.8×5.7	3.7×7.22	—
		2	3.8×7	6.7×5	—	—
		3	—	—	—	—
	下车定距(m)		5	4.5	3.7	5
	起重机最大宽×高(m)		2.95×3.59	3.1×3.64	3.026×3.875	3×3.42
动力装置	配置型式		单发	单发	单发	一主一辅
	主柴油机	型号	WD415.23	道依茨 TD226B-6	WD415	YC6108ZG
		额定功率(kW)	165	115	130	110
		额定转速(r/min)	2 200	2 200	2 000	2 300
		冷却方式	水冷	水冷	水冷	水冷
		吸气型式	增压中冷	涡轮增压	自然	涡轮增压
		燃油消耗率[g/(kW·h)]	—	—	—	—
		制造厂	杭州发动机厂	潍坊柴油机厂	潍坊柴油机厂	玉林柴油机厂
	备用柴油机	型号	—	—	—	—
		额定功率(kW)	—	—	—	12
		额定转速(r/min)	—	—	—	2 200
		冷却方式	—	—	—	水冷
		燃油消耗率[g/(kW·h)]	—	—	—	—
		制造厂	—	—	—	蚌埠
	柴油箱容量(L)		350	450	300	450

续上表

型式					开式	开式	开式	开式
额定工作压力（MPa）				主油路	26	主 30，辅 16	28	主 32，辅 16
				控制油路	3	3	3	3
液压系统	液压泵	主泵		型号	A8V80	A8V55SR1.1R101F1	GY-A8V80	GPC4-50-50-20
				数量	1	1	1	1
		辅助泵		型号	手动泵	—	CBK-108	A7V160LR
				数量	2	—	1	2
		控制油路泵		型号	CBK1012	CBK1012-B1FL	CBK1008	—
				数量	1	1	1	—
	液压马达型号×数量			主起升机构	A2F107×1	A2F55W2Z2×1	A2FE55×1	A2F63W2Z2×1
				副起升机构	—	—	—	—
				回转机构	A2F107×1	A2F55W2Z2×1	A2F55	A2F63W2Z2×1
				顺轨摆动机构	—	—	—	—
				走行机构	A2F107×2	A6V80HA22FZ1×2	INM1-300AD47×2	A2F160W2Z2×2
				变幅机构	—	—	—	—
	主要液压缸	变幅		缸径/杆径×行程(mm)	280/240×2 640	—	220/200	180/140×1 975
				数量	1	1	1	1
		吊臂伸缩		缸径/杆径×行程(mm)	180/140×6 040	125/100×6 000	二节 160/125	125/100×6 000
				缸径/杆径×行程(mm)	—	—	三节 160/125	—
		平衡重挂放/伸缩	Ⅰ	缸径/杆径×行程(mm)	80/40×190	—	—	—
				数量	2	—	—	—
			Ⅱ	缸径/杆径×行程(mm)	—	—	—	—
				数量	—	—	—	—
		支腿	支撑	缸径/杆径×行程(mm)	180/140×450	160/110×365	—	—
				数量	4	4	—	—
			伸腿	缸径/杆径×行程(mm)	70/50×740	80/63×610	—	—
				数量	4	4	—	—

续上表

液压系统	主要阀类	多路阀	型号×数量	4DY10T×1	PSL31×2	DC25-5-138×1	WYZ-8B×2
			型号×数量	3DY10T×1	—	—	DC20×2
			型号×数量	—	—	—	—
			型号×数量	—	—	—	—
		平衡阀	型号×数量	FD25FA10/B04/2×3	FD16FB12×2	FD25×2	—
			型号×数量	—	FD16FA12×1	FD16×1	—
			型号×数量	—	—	—	—
		先导阀	型号×数量	WYX-11H×2	VV8B3D2K-2ZP+3ZP×2	—	—
			型号×数量	WYX-54×1	S22M-2RP×1	—	—
			型号×数量	—	—	—	—
			型号×数量	—	—	—	—
	液压油箱公称容量(L)			1 180	2 500	1 070	2 500
减速机	主起升		型号×数量	GJT26W2B51×1	GFT26W2	GFT17W2B64	$J_1$70.30
			降速比	50	50.5	—	30
	副起升		型号×数量	—	—	—	—
			降速比	—	—	—	—
	回转		型号×数量	GFB26T3B×1	GFB26T2	JH100×125-001	GFB80K
			降速比	101	63	—	79.2
	顺轨摆动		型号×数量	—	—	—	—
			降速比	—	—	—	—
	走行		型号×数量	专用×2	专用×2	—	专用×2
			降速比	27	11	—	11
	变幅		型号×数量	—	—	—	—
			降速比	—	—	—	—
计算机辅助控制系统				—	—	—	—
卷筒直径(mm)			主起升	510	450	—	400
			副起升	—	—	—	—
			变幅	—	—	—	—

续上表

回转支承	型号或型式(1)			014.60.2240	单排四点球轴承	013.45.1600	—
	滚道中心圆直径(mm)			2 240	—	1 600	—
	型号或型式(2)			—	—	—	—
	滚道中心圆直径(mm)			—	—	—	—
转向架	轴距(mm)			1 800	1 750	1 400	1 850
	车轮直径(mm)			840	840	840	915
	车轴类别			E	C	D	C
	承载方式			旁承	旁承	旁承	旁承
	组数×轴数/主动轴数			2×2/1	2×2/1	2×2/1	2×2/1
	轴承型号			NJ2232WB,NUHJ2232WB	42724T、152724T	197726	42724T、152724T
	减振方式			圆柱螺旋弹簧	圆柱螺旋弹簧	圆柱螺旋弹簧	圆柱螺旋弹簧
	静挠度(mm)			52	54	—	47
	制动倍率			—	7	—	6
	闭锁液压缸型式、缸径(mm)×数量			双向、70×8	—	双向、80×4	—
	每组转向架自重(t)			7.13	4.90	—	4.5
吊臂	结构/截面形式			四边形	四边形	板梁式	四边形
	钢结构钢材强度(MPa)			$\sigma_b \geq 685$	—	$\sigma_b \geq 685$	—
	钢丝绳规格型号	主起升		20NAT34×7+FC1870ZS	18×7-16-1700	16NAT34×7	—
		副起升		—	—	—	—
		变幅		—	—	—	—
取物装置	吊钩	主钩	型式	直柄单钩	直柄单钩	直柄单钩	直柄单钩
			滑轮组倍率	6	6	6	6
		副钩	型式	—	—	—	—
			滑轮组倍率	—	—	—	—
	抓斗	容量(m^3)		—	—	—	—
		滑轮组倍率		—	—	—	—
	电磁吸盘	容量(kg)		—	—	—	1 000
		滑轮组倍率		—	—	—	—

续上表

上车尾部平衡重	型式		挂放式	固定	固定	固定
	平衡重数量		1	1	1	1
	伸缩行程(m)		—	—	—	—
车钩型号			货车 13A	货车 13A	专用 13 号	—
缓冲器型号			ST-2	ST	—	BGA-25
空气制动系统	制动机型号		JZ7	GK	120	—
	制动缸直径(mm)		254	254	单元	254
	制动倍率		—	—	8	—
	闸瓦种类		高摩	铸铁	高摩	铸铁
电气系统	电压(V)		DC 24	DC 24	DC 24	DC 24
	蓄电池	型号	6-QA-192D	6-FM-185	6-QA-180	6-FM-185
		数量	2	2	2	2
司机室	温度范围(℃)		10～28	—	—	—
	室内噪声 dB(A)		80	85	85	85
安全装置	力矩限制器型号		HC3900/ST084A	DS150	DS150	—
	起升高度极限保护		√	√	√	—
	顺轨±α°回转限位		√	√	√	√
	倾翻报警装置		√	√	—	—
	吊臂仰起极限保护		√	√	√	—
	钢丝绳 3 圈保护		√	√	√	√
	柴油机冷却水高温报警		√	√	√	√
	柴油机机油低压力报警		√	√	√	√
	液压油滤清器堵塞报警		√	√	√	√
	牵引状态走行齿轮脱开保护		√	√	—	√
	水平仪		√	√	—	√
	外轨超高自动调平装置		—	—	—	—
起重机自重	回送状态(t)		66	—	46	—
	整备状态(t)		66	57	47	36
起重机回送状态重心高(mm)			1 700	1 550	1 800	1 400

我国内燃液压铁路起重机概要表(八)

型号				NS1600	NS1600A	NS2000	RC60CN
曾用型号				德国 KRC1600	德国 KRC1680	德国 KRC2880	—
制造起始年代				2006～2007	2007～2010	2011～	1984～
制造厂				德国 Kirow	德国 Kirow	德国 Kirow	芬兰 Rauma Repola
传动方式				全液压	全液压	全液压	全液压
吊臂形式				三节伸缩臂	三节伸缩臂	三节伸缩臂	伸缩臂
工作环境	环境温度(℃)			−25～45/ −45～35	−40～45	−40～45	—
	海拔高度(m)			2 000/5 100	3 000	3 000	—
	最大相对湿度(%)			90/50	95	95	—
	风速(m/s)			13.8	13.8	13.8	—
起重量/幅度(t/m)	使用支腿	360°回转	工况1	160/7	160/7	200/7	15/5
			工况2	—	152/8	152/9	—
		顺轨	摆动(±)	30°,160/9 单侧	30°,160/10.5 单侧	25°,152/15 四支腿	—
			摆动(±)	15°,160/10 单侧	20°,55/24.5 单侧	25°,125/18 四支腿	—
			摆动(±)	—	—	10°,200/14 四支腿	—
		羊角钩		100/12	100/12	100/12	—
	不用支腿	360°回转		15/9	15/9	—	15/2
		顺轨	摆动(±)	2°,125/8	2°,45/24.5	3°,100/16.5	20°,15/4
			摆动(±)	10°,125/7	10°,100/10	3°,50/27	360°,2/9 超高 150 mm
			摆动(±)	—	—	—	—
最大起重力矩(t·m)				1 600	1 680	2 880	60
工作速度	起升(m/min)	空载		12	12	12	1 m/s、倍率 2
		重载		3	3	3	—
	回转(r/min)			1	1	1	3
	上车前部顺轨摆动(°/s)			2	2	2	—
	变幅时间(s)			120(0°～50°)	120(0°～50°)	120(0°～50°)	18
	吊臂全伸时间(s)			6m/min	6m/min	6m/min	10m/min
	自力走行(km/h)			25	25	25	60
	回送(km/h)			120	120	120	100

续上表

线路指标	轨距(mm)		1 435	1 435	1 435	1 435
	轴重(kN)		230	247	230	220
	通过最小曲线半径(m)		100	100	100	80
	自力走行最大坡度(平直线)(‰)	带吊臂平车	15	15	20	—
		无吊臂平车	18	18	—	—
	限界标准		GB 146.1			
主要尺寸数据	车钩高(mm)		880	880	880	880
	尾部回转半径(m)		7～12	7.3～13	7～14	1.65
	吊臂长度(m)	全缩位	12	12	12	8.05
		二节臂全伸	18.5	18.5	19	12.1
		三节臂全伸	25.5	25.5	27	16.15
	车钩连接线水平距离(m)		15	15	16	端梁间 9.0
	幅度范围(m)		7～24.5	7～24.5	7～27	2～16
	最大起升高度(m)		20.7	20.7	23	17
	支腿间距(横×纵)(m)	1	6×13	6×13	6×14.16	3.7×3.7
		2	7.8×10.5	7.8×10.5	7×13.21	—
		3	4×14	4×14	—	—
	下车定距(m)		10	10	11	—
	起重机最大宽×高(m)		3.2×4.7	3.2×4.7	3.2×4.7	3.2×4.1
动力装置	配置型式		等功率双发	等功率双发	等功率双发	单发
	主柴油机	型号	QSB5.9×C240	QSB5.9×C240	QSB6.7×C280	3306TA
		额定功率(kW)	179	179	194	184
		额定转速(r/min)	2 100	2 100	2 200	2 200
		冷却方式	水冷	水冷	水冷	水冷
		吸气型式	涡轮增压、中冷	涡轮增压、中冷	涡轮增压、中冷	—
		燃油消耗率[g/(kW·h)]	—	—	198	—
		制造厂	康明斯	康明斯	康明斯	卡特彼勒
	备用柴油机	型号	—	—	—	—
		额定功率(kW)	—	—	—	—
		额定转速(r/min)	—	—	—	—
		冷却方式	—	—	—	—
		燃油消耗率[g/(kW·h)]	—	—	—	—
		制造厂	—	—	—	—
	柴油箱容量(L)		900	900	900	540

续上表

液压系统	型式				开式	开式	开式	—
	额定工作压力(MPa)			主油路	—	—	—	—
				控制油路	—	—	—	—
	液压泵	主泵		型号	A11075LGIDH6/10L-XZD12K 等 4 种	A11075LGIDH6/10L-XZD12K 等 4 种	—	—
				数量	—	—	—	—
		辅助泵		型号	A4VG56HD3D1/32L-XZC02FD15K-S	A4VG56HD3D1/32L-XZC02FD15K-S	—	手动泵复原
				数量	—	—	—	—
		控制油路泵		型号	SNP2/19SSC46+SNP2/19S 等 2 种	SNP2/19SSC46+SNP2/19S 等 2 种	—	—
				数量	—	—	—	—
	液压马达型号×数量		主起升机构		A6VM160HDID/63W-PAB020B-S×1	A6VM160HDID/63W-PAB020B-S×1	—	—
			副起升机构		—	—	—	—
			回转机构		A2FM80/61W-XAB020-S×1	A2FM80/61W-XAB020-S×1	—	—
			顺轨摆动机构		A2FM80/61W-XAB020-S×2	A2FM80/61W-XAB020-S×2	—	—
			走行机构		A6VM160HA2/63W×4	A6VM160HA2/63W×4	—	—
			变幅机构		—	—	—	—
	主要液压缸	变幅		缸径/杆径×行程(mm)	400/310×3 080	400/310×3 080	480/400×3 600	—
				数量	2	2	2	—
		吊臂伸缩		缸径/杆径×行程(mm)	二节 310/220×6 550	二节 310/220×6 550	二节 360/260×7 050	—
				缸径/杆径×行程(mm)	三节 135/100×6 050	三节 135/100×6 050	三节 250/180×8 050	—
		平衡重挂放/伸缩	Ⅰ	缸径/杆径×行程(mm)	伸缩 270/160×2 825	伸缩 270/160×2 825	一伸缩 290/170×4 930	—
				数量	2	2	1	—
			Ⅱ	缸径/杆径×行程(mm)	挂放 140/80×900	挂放 140/80×900	二伸缩 200/140×2 090	—
				数量	2	2	2	—
		支腿	支撑	缸径/杆径×行程(mm)	260/200×800	260/200×800	—	—
				数量	4	4	4	—
			伸腿	缸径/杆径×行程(mm)	125/90×830	125/80×830	—	—
				数量	4	4	4	—
		平衡重摆动		缸径/杆径×行程(mm)	—	—	160/110×900	—
				数量	—	—	2	—

续上表

液压系统	主要阀类	多路阀	型号×数量	2MO-32PH×2	2MO-32PH×2	—	—
			型号×数量	MO-32PH×1	1MO-32PH×1	—	—
			型号×数量	3MO-32PH×1	3MO-32PH×1	—	—
			型号×数量	—	—	—	—
		平衡阀	型号×数量	SBS-30BA×1	SBS-30BA×1	—	—
			型号×数量	SBS25×3	SBS25×3	—	—
			型号×数量	—	—	—	—
		先导阀	型号×数量	—	PVG32-2F	—	—
			型号×数量	—	—	—	—
			型号×数量	—	—	—	—
			型号×数量	—	—	—	—
	液压油箱公称容量(L)			3 000	3 000	3 700	660
减速机	主起升		型号×数量	多级行星减速器×1	多级行星减速器×1	多级行星减速器×1	—
			降速比	—	—	—	—
	副起升		型号×数量	—	—	—	—
			降速比	—	—	—	—
	回转		型号×数量	ZHP3. 26×1	ZHP3. 26×1	—	—
			降速比	—	—	—	—
	顺轨摆动		型号×数量	ZHP3. 22×2	ZHP3. 22×2	—	—
			降速比	—	—	—	—
	走行		型号×数量	专用×4	专用×4	专用×4	—
			降速比	—	—	—	—
	变幅		型号×数量	—	—	—	—
			降速比	—	—	—	—
计算机辅助控制系统				√	√	√	√
卷筒直径(mm)			主起升	ZHP4. 31 EG-TT	ZHP4. 31 EG-TT	—	—
			副起升	—	—	—	—
			变幅	—	—	—	—

续上表

回转支承		型号或型式(1)	回转,滚柱外啮合	回转,滚柱外啮合	滚柱内啮合	单排四点球轴承
		滚道中心圆直径(mm)	—	—	—	—
		型号或型式(2)	摆动,滚柱内啮合	摆动,滚柱内啮合	—	—
		滚道中心圆直径(mm)	—	—	—	—
转向架		轴距(mm)	1 100+1 200+1 100	1 100+1 200+1 100	1 100+1 200+1 100+1 200+1 100	6.0(无转向架)
		车轮直径(mm)	840	840	840	920
		车轴类别	—	—	—	—
		承载方式	心盘	心盘	心盘+支点	—
		组数×轴数/主动轴数	2×4/2	2×4/2	2×(4+2/2)	0×2/2
		轴承型号	Timken AP 型 F 级	Timken AP 型 F 级	Timken AP 型 F 级	—
		减振方式	板弹簧	板弹簧	板弹簧	板弹簧
		静挠度(mm)	—	—	—	—
		制动倍率	8.54	8.54	—	—
		闭锁液压缸型式、缸径(mm)×数量	165(行程70)×4	165(行程70)×4	—	—
		每组转向架自重(t)	10.25	10.25	—	—
吊臂		结构/截面形式	箱形	箱形	箱形	四边形
		钢结构钢材强度(MPa)	$\sigma_b \geqslant 900$	$\sigma_b \geqslant 900$	$\sigma_b \geqslant 1\ 100$	—
	钢丝绳规格型号	主起升	CASAR EURO LIFT24/1960	CASAR EURO LIFT24/1960	—	—
		副起升	—	—	—	—
		变幅	—	—	—	—
取物装置	吊钩 主钩	型式	直柄双钩	直柄双钩	直柄双钩	直柄双钩
		滑轮组倍率	2×6	2×6	2×6	—
	吊钩 副钩	型式	—	—	—	—
		滑轮组倍率	—	—	—	—
	抓斗	容量(m^3)	—	—	—	—
		滑轮组倍率	—	—	—	—
	电磁吸盘	容量(kg)	—	—	—	—
		滑轮组倍率	—	—	—	—
上车尾部平衡重		型式	伸缩式+挂放式	伸缩+挂放式	伸缩式(回送拆下)	—
		平衡重数量	2(~34t)	2(~40t)	2(~62t)	—
		伸缩行程(m)	5	5	5	—

续上表

车钩型号			货车 13 号	货车 13 号	货车 13 号	货车 13 号
缓冲器型号			MT-2	MT-2	MT-2	—
空气制动系统	制动机型号		JZ-7	JZ-7	JZ-7	—
	制动缸直径(mm)		—	—	—	—
	制动倍率		—	—	—	—
	闸瓦种类		轮幅盘形制动	轮幅盘形制动	轮幅盘形制动	—
电气系统	电压(V)		DC 24	DC 24	DC 24	DC 24
	蓄电池	型号	12V,210Ah	12V,210Ah	12V,210Ah	12V,158Ah
		数量	4	4	4	2
司机室	温度范围(℃)		10～25	10～25	10～25	15～28
	室内噪声 dB(A)		72	72	72	—
安全装置	力矩限制器型号		—	—	—	KVR-6P
	起升高度极限保护		√	√	√	√
	顺轨 $\pm\alpha^\circ$ 回转限位		√	√	√	—
	倾翻报警装置		√	—	—	—
	吊臂仰起极限保护		√	√	√	—
	钢丝绳 3 圈保护		—	√	√	—
	柴油机冷却水高温报警		—	√	√	—
	柴油机机油低压力报警		—	√	√	—
	液压油滤清器堵塞报警		—	√	√	—
	牵引状态走行齿轮脱开保护		—	—	—	—
	水平仪		√	—	—	√
	外轨超高自动调平装置		√	—	—	—
起重机自重	回送状态(t)		184	197	270	42
	整备状态(t)		192	206	270	42
起重机回送状态重心高(mm)			1 977	1 977	1 977	—

参考文献

[1] 张质文,虞和谦,王金诺．起重机设计手册[M]. 北京:中国铁道出版社,1998.

[2] 张质文,刘全德．起重运输机械[M]. 北京:中国铁道出版社,1988.

[3] 中华人民共和国国家标准 GB/T 3811—2008 起重机设计规范[S]. 北京:中国标准出版社,1983.

[4] 中华人民共和国国家标准 GB/T 6974.1—2008 起重机术语[S]. 北京:中国标准出版社,2009.

[5] 中华人民共和国国家标准 GB/T 4549.1—2004 铁道车辆词汇第 1 部分:基本词汇[S]. 北京:中国标准出版社,2004.

[6] 中华人民共和国国家标准 GB/T 4549.2—2004 铁道车辆词汇第 2 部分:走行装置[S]. 北京:中国标准出版社,2004.

[7] 中华人民共和国国家标准 GB 146.1—83 标准轨距铁路机车车辆限界[S]. 北京:中国标准出版社,1983.

[8] 中华人民共和国国家标准 GB/T 6068—2008 汽车起重机和轮胎起重机试验规范[S]. 北京:中国标准出版社,2009.

[9] 中华人民共和国国家标准 GB/T 17426—1998 铁道特种车辆和轨行机械动力学性能评定及试验方法[S]. 北京:中国标准出版社,1999.

[10] 中华人民共和国铁道行业标准 TB/T 3081—2003 内燃铁路起重机技术条件[S]. 北京:中国铁道出版社,2004.

[11] 中华人民共和国铁道行业标准 TB/T 3082—2003 内燃铁路起重机检查与试验方法[S]. 北京:中国铁道出版社,2004.

[12] 中华人民共和国铁道部．铁路技术管理规程[M]. 2006.

[13] 中华人民共和国铁道部．铁路行车事故救援规则[M]. 2000.

[14] 范思圣．提高铁路起重机顺轨方向的起重性能[J]. 起重运输机械,2001(4).

[15] 范思圣．铁路起重机旋转式与双回转支承式伸缩平衡重的比较[J]. 铁道车辆,2006(8).

[16] 许志沛,范思圣等．铁路起重机高度限界下的作业能力研究[J]. 铁道货运,1995(1).

[17] 范思圣．探讨我国新一代铁路救援起重机的轮廓[C]. 中国机械工程学会物料搬运专业学会第三届年会论文集,1988.

[18] 范思圣．铁路起重机作业区域[J]. 起重运输机械,2009(4).